Der große Obelisk

 · Druck und Bindung R. Kiesel, Salzburg · Printed in Austria
ISBN 3-7017-0170-9

GERTRUD FUSSENEGGER

Der große Obelisk

GEDANKEN UND ERFAHRUNGEN
BEIM LESEN UND BEIM REISEN

Residenz Verlag

Der große Obelisk

Jeder Beruf hat seine besonderen Tücken und Probleme. Darum fragt der Jurist nach dem Sinn des Gesetzes, der Ingenieur nach den Grenzen der Technik, der Lehrer nach der Belehrbarkeit der menschlichen Natur – und so fragt der Schriftsteller – oder sagen wir heute etwas hochtrabend: der Dichter nach dem Wesen der Poesie. Was ist das Poetische? Was unterscheidet einen Text von der Masse des Geschriebenen, daß er Dichtung sei, was hebt ihn ab von Reportage, von banalem Bericht, was macht ihn poetisch?

Ich glaube, das Poetische ist nichts Abstraktes, Reserviertes, Definitives, es ist nichts, was sich ein für allemal genau beschreiben und von einem klassischen Modell ablesen ließe. Es ist keine Eigenschaft, die an einem Werk haftet und festklebt wie ein Firmenschild an einer Ware. Das Poetische ist ein Vorgang, der sich immer wieder ereignen muß in der Begegnung zwischen Werk und Mensch, ein Erlebnis also, ein immer neues individuelles Ereignis. Aber weil es individuell und damit so unendlich vieldeutig, vielfältig und vielgestaltig ist, scheint es mir unerläßlich, daß wir hier einen ganz realen Fall ins Auge fassen. An ihm möchte ich zeigen, was ich meine, durch ihn möchte ich mich verständlich machen. Der Fall betrifft eine römische Anekdote, in ihr steckt Poesie oder mindestens das, was ich unter einem poetischen Motiv verstehe. Trotzdem ist sie nicht zu *reiner* Poesie gediehen, inwiefern und wieso ..., damit möchte ich mich hier beschäftigen.

Auf den schönsten Plätzen von Rom stehen ägyptische Obelisken. Sie wurden in der diktatorischen und imperialen Zeit des alten Rom aus dem Nilstromland herübergebracht und zur höheren Ehre ihres jeweiligen Räubers aufgerichtet. Als Rom verfiel und zugrunde ging, wurden diese Obelisken umgestürzt, der eine oder andere mag auch durch ein Erdbeben gefallen sein. Nur ein einziger dieser merkwürdigen gigantischen Steine blieb aufrecht stehen, er stand im Zirkus des Nero und soll, späterer Legende gemäß, auf Leiden und Tod zahlloser christlicher Märtyrer herabgeblickt haben. Der Zirkus verschwand, Rom war längst christlich geworden, doch immer noch schaute man mit Neugier und Ehrfurcht nach der riesigen steinernen Nadel, an deren Spitze eine goldene Kugel steckte. In ihr, so munkelte man, sei Caesars Asche verborgen. Nichtsdestoweniger erfrechten sich die Landsknechte, beim Sacco di Roma nach der goldenen Kugel zu schießen, sie wurde auch getroffen, aber nicht zu Fall gebracht, unbesieglich stand der Obelisk, ein zwar deutliches, doch auch wieder schwer deutbares Zeichen für königliche oder priesterliche oder königspriesterliche Macht, ein Symbol für den Sonnenstrahl, der die Erde trifft, ein Finger der Erde, der sich zum Himmel erhebt.
Und so konnte es nicht ausbleiben, daß einer der großen Päpste, die eben zu jener Zeit Rom aus- und umzugestalten beschäftigt waren und die sich ja gleichfalls als königliche Priester oder priesterliche Könige in nahezu pharaonischem Sinne be-

griffen, daß also einer von ihnen sein Augenmerk dem Obelisk zuwandte, diesem einen, der alle Jahrhunderte der Zerstörung überstanden hatte und irgendwie als Sinnbild der Unzerstörbarkeit selbst galt. Schon war die Peterskirche erbaut, wenn auch nicht ganz vollendet, und vor der Peterskirche sollte jetzt das steinerne Wunder aus Ägypten aufgepflanzt werden. Der Mann, der diesen Entschluß faßte, war Sixtus V., Sohn eines Bauern aus Grottammare, mit 65 auf den Stuhl Petri gelangt. Er war beileibe nicht der erste, der den Obelisk aus dem untergegangenen Zirkus des Nero verrücken und vor die Basilika San Pietro transportieren lassen wollte, aber er war der erste, der es wagte, wirklich an den monolithischen Koloß zu rühren. Mit der Durchführung betraute er einen gewissen Domenico Fontana, einen sehr geschickten Architekten und Techniker, der sich schon an vielen schwierigen Aufgaben bewährt hatte und dem Papst Sixtus jede erforderliche Hilfe, jede nur denkbare Erleichterung und alle Mittel von vornherein versprach.

Fontana stellte seine Berechnungen an. Danach stellte er seine Forderungen. Dann überwachte er die Herstellung der notwendigen Apparaturen. Der Obelisk wurde mit einem Gerüst aus starken Eisenstangen und Holzbalken umgeben. Zugleich wurde rings um ihn ein breiter Gürtel freien Raumes geschaffen, man brach Häuser ab, man demolierte sogar eine Kirche, um ihn niederlegen und fortschaffen zu können. Dann wurden riesige Win-

den aufgestellt, auf denen armdicke Seile aufgerollt waren. Am Morgen eines Apriltages 1585 begann man mit der Arbeit.
Alle zu dem Platz führenden Straßen waren mittels Schranken abgesperrt. Papst Sixtus, nicht umsonst von Freunden und Feinden wegen seiner Strenge gefürchtet und von vielen „il terribile", der Schreckliche, genannt, hatte die Todesstrafe verhängt für jeden, der die Schranken etwa durchbrechen würde. Schwere Strafen waren auch denjenigen angedroht, die durch Sprechen oder Lärmen die notwendige Stille stören würden. Innerhalb des abgesperrten Raumes stand der Bargello, der Polizeihauptmann, mit seinen Häschern und war bereit, jeden, der die Befehle übertrat, sofort zu fassen.
Zunächst hob man die Kugel von der Spitze ab. Sie war von den Geschossen der Landsknechte durchlöchert, ihr Inneres war leer. Die Asche des Caesar hatte sich also nicht in ihr befunden. Am 30. April, zwei Stunden vor Tagesanbruch, wurden zur Anrufung des Heiligen Geistes noch zwei Messen gelesen, wobei alle, die an der Arbeit beteiligt waren, die Kommunion empfingen. Noch vor Sonnenaufgang hatten die Arbeiter ihre Plätze eingenommen. Ein Trompeter gab das Zeichen zum Beginn. Die Schreiner, die den Auftrag hatten, unter den sich neigenden Obelisken Holzbalken zu spreizen, trugen eiserne Helme, um durch herabfallende Holzstücke nicht verletzt zu werden.

Hatte man für die Kardinäle und Botschafter eine eigene Tribüne errichtet, so waren alle Fenster und Dächer in weitem Umkreis von unzähligen Zuschauern besetzt. In den angrenzenden Straßen war ein Gewoge von Menschen, so daß die Schweizergarde und leichte Reiterei gerufen werden mußten, um die Ordnung aufrechtzuerhalten.

Endlich, nach einem neuerlichen Trompetenstoß, setzten sich die 40 aufgestellten Riesenwinden in Bewegung. 75 Pferde und 907 Menschen bedienten die Maschinen, die den 25 m hohen und 50.000 Zentner schweren Monolith mittels eines erklügelten Systems von Flaschenzügen langsam, ganz langsam aus der Senkrechten kippen und in die Waagrechte legen sollten.

Fürs erste wurden der Obelisk von seinem jahrhundertealten Standort zwei Spannen hoch in die Höhe gehoben und die vier Kugeln, auf denen er stand, durch Holzbalken ersetzt. Die Kugeln wurden – als erste Zeichen des Erfolges – dem Papst überbracht. Kanonenschüsse von der Engelsburg verkündigten der Stadt den geglückten Beginn. Die gesamte päpstliche Artillerie stimmte ein.

Acht Tage später war der Obelisk glücklich niedergelegt. Die Überführung nach dem Petersplatz nahm den ganzen Sommer in Anspruch.

Der Petersplatz hatte damals noch nicht die Ausdehnung, die ihm später durch Bernini und durch den Bau der Kolonnaden gegeben wurde. Auch hier mußten Häuser und Kirchen abgebrochen und Platz geschaffen werden für das steinerne Ungeheuer und für die Winden und Maschinen. Bis jetzt hatte sich alles nach Wunsch und Berechnung abgespielt. Aber noch stand das Schwerste bevor: den Obelisk unbeschädigt, ohne Sprung, ohne Bruch auf die Fundamente zu hieven und aufzurichten.

Wieder ein feierlicher Beginn der Arbeit; wieder waren das Kollegium der Kardinäle, das Corps der Botschafter und tausend und abertausend Menschen versammelt; wieder waren die Befehle des Papstes verkündigt und eingeschärft worden: niemand dürfte die Schranken durchbrechen, niemand mit einem Wort die Stille stören. Wieder Messen, Gebete und dann ein Trompetensignal. An den vierzig Winden setzten sich abermals 900 Menschen und diesmal 140 Pferde in Bewegung. Stunde um Stunde verging. In stummer Spannung hielten die Tausende aus und sahen zu, wie sich der Koloß langsam, ganz langsam, fast so unmerklich wie der Zeiger einer Uhr aus der Waagrechten hob. Schon war er weit aufgestiegen, schon trennten ihn nur noch wenige Winkelgrade von der Senkrechten, da – plötzlich – stockte die Arbeit. Einige Winden liefen leer, andere blockierten, das System der Flaschenzüge und Verspannungen versagte. Die Vorarbeiter blickten sich hilfesuchend nach dem Architekten um. Der Architekt stand ratlos. Auch der Papst war aufmerksam geworden, Kardinäle und Botschafter reckten die Hälse. Was war denn geschehen? So sorgfältig Fontana alles berechnet, wieder berechnet, geprüft

und überlegt hatte, eins war ihm doch entgangen: das Riesengewicht des Obelisken hatte die Seile derart ausgedehnt, daß die mühsam erstellte Maschinerie nicht mehr funktionierte. Der Koloß stand auf der Kippe und war nicht mehr weiterzubewegen. Sollte das ungeheure Unternehmen in der letzten Minute mißglückt sein?
Da plötzlich ist an den Schranken unten ein kurzes Schieben, Stoßen, Vorwärtsprellen: ein Mann hat sich an die Barrieren durchgekämpft, hat sich herübergeschwungen und läuft vor, läuft in den freien, abgeriegelten verbotenen Raum, und dabei schreit er, schreit etwas vorerst kaum Verständliches, doch schreit er's noch einmal, da wird es deutlich und lautet: „Tut Wasser an die Seile! Tut Wasser an die Seile!"
Zwei, drei oder fünf Sekunden lang ist die ganze Szenerie bewegungslos. Fontana steht und starrt den Fremden an, die Arbeiter stehen und starren gleichfalls, der Chor der Botschafter und Kardinäle atemlos, vorgebeugt und lauschend, und selbst der Papst, der sich aus seiner Sedia erhoben hat, verharrt so, und sein altes, häßliches, runzeliges Bauerngesicht, das eben erst bis in die Lippen erblaßt war, ist ganz aufgerissen vor Staunen, Überraschung und Nichtbegreifen, Nichtbegreifen, in dem sich doch von Sekundenbruchteil zu Sekundenbruchteil Begreifen anbahnt, vorformt, durchformt und dann hervorbricht in den beinahe röchelnd hervorgestoßenen Worten: „Ja, Wasser, tut Wasser an die Seile!"

Da hat sich das Bild rund um den auf der Kippe schwebenden Obelisk auch schon durchaus verändert, aus zuckender Ratlosigkeit zuvor, Unbeweglichkeit danach bricht plötzliche Emsigkeit aus, ein Hasten und Rennen zu den Brunnen, ein Schöpfen und Schleppen, mit einem Male sind, weiß Gott woher, Eimer vorhanden, Krüge und Schläuche, und auf die armdicken Seile ergießt sich Schwall um Schwall.

Was danach geschah, können wir uns leicht vorstellen: die Seile zogen sich wieder zusammen, sie verkürzten sich auf die Länge, mit der der Architekt zuvor gerechnet und auf die er seine Winden und Züge eingestellt hatte. Das System funktionierte wieder, und bald stand der Obelisk aufrecht und fest auf seinem Postament.

Hier halte ich inne, um von der Erzählung zurückzukommen auf meine Frage: Was ist das Poetische? Was können wir poetisch nennen?

Ich meine, wir haben soeben ein Beispiel gehört, ein Beispiel wenigstens dafür, wie sich das Poetische aus einer Fabel ergeben, sich als Effekt einer Handlung einstellen kann.

Die Geschichte beginnt wie so viele historische Anekdoten im Raum historischer Kategorien: der Obelisk als Beute der Macht, als Zeichen der Macht, die Jahrhunderte überdauernd. Dann tritt eine neue Macht auf den Plan, die des Papstes, die den Obelisk neuen Zwecken zuführen will. Der päpstliche Befehl, die technische Vorbereitung, der Vorgang der Übertragung ... das alles sind Berichte, die vielleicht ganz interessant klingen, die vielleicht unseren historischen Sinn ansprechen, die unter Umständen sogar malerisch-romantische Szenerien vor unser inneres Auge zaubern. Poetisch sind sie nicht. Zwar: wenn wir von dem befohlenen Schweigen hören, von dem verbotenen Raum, da siedeln sich in uns möglicherweise schon unterschwellige Ahnungen an, daß der Vorgang nicht so ohne weiteres ablaufen wird. Doch es sind eben nur Ahnungen; schließlich tritt die Stockung ein. Sie setzt ein deutliches Moment der Spannung. Trotzdem! Poetisch ist sie noch nicht. Erst in dem Augenblick, wo aus der anonymen Menge, aus der gesichtslosen Masse plötzlich einer, ein einziger hervorspringt und unter Einsatz seines Lebens das rettende Wort ruft, hier erst erfolgt der Umschwung, der Sprung hinüber in eine andere Zone, in die Erweisung des Poetischen. Denn, nicht wahr?, in diesem Augenblick ist dieser Mensch, dieser eine – eben noch gar nicht sichtbar Gewesene, er ist größer, wichtiger als der Architekt, der das Unternehmen leitet, als alle seine Helfer, größer als die Zuschauer auf der Kardinalstribüne, größer als der Papst und, ich möchte beinahe sagen, größer sogar als der Obelisk, dieses stumme, mit geheimen Mächten geladene Symbolum. Vor dem nüchtern-sachlichen Wissen dessen, der Bescheid weiß, vor seinem Mut, seiner Mannhaftigkeit verblaßt auch der Obelisk für einen Augenblick und gibt den Blick frei auf den Menschen in dessen voller sachbezogener Vernünftigkeit.

Hier haben wir die zarte Überraschung, die sinnvolle Sinnesverkehrung, den erheiternden Effekt der antithetischen Position. Der Namenlose wird zum Retter, der Niemand zur Schlüsselfigur. Er bringt in das Schauspiel mechanischer Kräfte einen neuen Gesichtspunkt ein, er ändert die Physik des Vorgangs, und die Überraschung, die seine Figur auslöst, gehört zu den Überraschungen, die das Poetische mit sich führt.
Hier wird Poesie geleistet.
Aber die Geschichte ist nicht zu Ende, leider. Denn der poetische Ansatz bleibt als solcher stehen und kommt im weiteren Verlauf nicht zum Tragen.
Noch während man auf die Weisung des Unbekannten mit größtem Eifer und in höchster Hast am Werk ist, Wasser herbeizuschaffen und die Seile zu begießen, kommt natürlich und ganz unvermeidlich der martialische Bargello herbei, um seines Amtes zu walten. Er nimmt den Mann in Haft, er führt ihn ab. Doch ehe er ihn noch in den Kerker bringen kann, schmettern schon die Trompeten, schießen die Kanonen, läuten die Glocken von Rom Sieg und Gelingen. Der Obelisk ist aufgestellt, und da kommt auch schon ein Bote gelaufen und keucht seinen Auftrag: Seine Heiligkeit der Papst habe befohlen, den Mann, der gerufen habe, vor seinen Thron zu bringen. Das geschieht, und nun stellt sich heraus, daß der Mann Bresca heißt und ein Schiffer ist aus San Remo bei Genua und deshalb Erfahrung hat mit Tauen und Seilen, die sich bei Regenwetter zu-

sammenziehen, bei Trockenheit ausdehnen, und der auf diese Weise erkannte, woran es lag, daß sich Fontanas geistreiche Apparaturen im letzten Augenblick als unbrauchbar erwiesen.

Der Papst dachte nun freilich nicht mehr daran, den Mann zu bestrafen, im Gegenteil, er fragte sogar, welche Gunst er sich erbitte, welchen Lohn, und da sagte der Mann, er erbitte sich das Recht, am Palmsonntag den Römern die Palmblätter zu verkaufen, die sie dann zur Weihe trugen – ein bombensicheres Geschäft. Und wirklich: Bresca erhielt das Recht, und es wurde dann auch auf seine Nachkommen übertragen, und so wurde Bresca Palmblätterverkäufer und ein reicher Mann, und auch seine Familie wurde reich und blieb es jahrhundertelang.

Hier ist die Zone des eigentlich Poetischen schon wieder verlassen. Hier schlägt die Anekdote aus der symbolischen Dimension zurück ins Banausisch-Erbauliche, hier pendelt sie aus dem Bereich zarter Überraschung in den der Banalität, wo sich vielleicht noch sprichwörtliche Wahrheiten zu bewähren haben wie „Guter Rat ist Goldes wert“ oder „Eine Hand wäscht die andere“.

Mit einer Art minderer Ersatzbefriedigung liest man dann noch am Ende, der Schiffer Bresca habe die Erlaubnis erhalten, die päpstliche Flagge zu führen ... Nun gut, das war sicher das Äußerste, was von seiten des Sixtus zu erwarten war, eine Geste der Hochherzigkeit, die bei seiner sonstigen Strenge sympathisch berührt.

Damit ist die Anekdote zu Ende. Was können wir über sie sagen? Sie hat einen Ansatz zum Poetischen geleistet und hat ihn dann nicht durchgeführt. Hier erst müßte die Arbeit eines Dichters beginnen, der das poetische Fragment ausführt, der den poetischen Keim entfaltet. Hier müßte der Einfall erst erfolgen! – so wie er vielleicht einem Kleist, einem Brecht gelungen wäre, eine zugespitzte Szene zwischen dem Papst und dem Genuesen, ein Wortwechsel voll atemberaubender Wendungen . . . bei Kleist sicher ganz anders als bei Brecht, dort als geistreiche Vorform der Selbstvernichtung, hier als marxistisches Lehrstück: Aufreizung zur Aufsässigkeit, dort Michael Kohlhaas, hier Herr Keuner. Und wollten wir uns vorstellen, daß etwa auch der jüngere Günter Grass das Thema behandelt hätte, so müßten wir uns darauf gefaßt machen, daß er eine pantagruelische Unanständigkeit eingeflochten haben würde, und sollte sich schließlich ein Dichter konkreter Poesie je zu dem Thema verirrt haben, dann würde sich die Figur des Obelisken sicher als ein großes Rufzeichen oder als ein großes I vortragen, ein I, das das Ei der Seile dehnt, bis es sich im U des Ungehorsams wie in einer Zwinge stabilisiert und schließlich die Mitte und den Nabel des gewaltigen O bezeichnet, das die K-O-lonnaden des Bernini bilden.

Scherz beiseite. Ich habe lange genug von einem Beispiel gehandelt, das sich nur zur Hälfte als tauglich erwiesen hat, den Begriff des Poetischen zu beschreiben. Nur in einer Andeutung konnte ich ihn sichtbar machen.

Was mich allerdings selbst an dem Beispiel anzog, ist, daß ich in ihm etwas wie eine Beschreibung unserer Zeit fand, ein vereinfachtes Bild dessen, was wir erleben.

Auch wir haben uns sozusagen darauf eingelassen, das scheinbar Unverrückbare zu verrücken.

Wir haben uns darauf eingelassen, mit Mächten, Kräften und Massen der Natur zu manipulieren, die wir bis vor kurzem zwar gekannt, nicht aber zu unserer Verfügung gehalten haben.

Auch wir haben die Techniker damit betraut, diese Kräfte und Massen in unsere Welt hereinzuholen und sie an den für uns genehmen Platz zu unserer Benutzung heranzubringen.

Auch unsere Zeit hat dabei der Technik jede Hilfe gewährt und ihr jede Forderung von vorneherein bewilligt.

Es war zwar kein Verbot ausgesprochen, sich zu dem Vorgang zu äußern, aber das viel mächtigere Übereinkommen gleicher Gesinnung und gleicher Überzeugung verurteilte jede warnende Stimme zum Verstummen.

Auch das von uns geleistete Werk ist erstaunlich.

Trotzdem trat, wie mir vorkommt, auch bei uns jener Augenblick ein, in dem sich die Apparaturen nicht mehr im richtigen Sinn bewegen, da die Arbeit stockt und die Erkenntnis um sich greift, daß alle Berechnungen, so großartig sie das Mechanische bewältigten, irgendeine wichtige Unbe-

kannte nicht in Betracht gezogen haben. Man sagt: sie sei der Mensch ... ich weiß es nicht, man müßte doch wohl erst darüber klargeworden sein, was in diesem besonderen Fall am und mit dem Menschen gemeint ist.
Wie dem auch sei: der Obelisk steht oben auf der Kippe – die Zuschauer auf der Ehrentribüne sind beunruhigt und stecken, verstört beratschlagend, die Köpfe zusammen. Sogar draußen hinter den Schranken hat sich das Gerücht schon verbreitet: Gefahr ist in Anzug. Wir warten. Wir warten auf Bresca.
Vermutlich muß jeder einzelne sein eigener Bresca werden.

Drei Häuser in Oberösterreich

Um es gleich klarzustellen: es handelt sich bei diesen drei Häusern nicht – oder nur nebenbei – um reale Häuser. Zwei von ihnen werden in keinem Kataster geführt, sind in keinem Grundbuch eingetragen. Trotzdem sind sie *existent,* und eines von ihnen darf sogar Anspruch auf schon hundertjährigen Ruhm erheben; seit hundert Jahren ist es dem Volk der Germanisten bekannt, wird von ihm umschwärmt, vermessen, abgeklopft, als pädagogischer Wunderbau gepriesen oder als idealistisches Wolkenkuckucksheim bespöttelt. Kurzum: es handelt sich um drei literarische Häuser, Häuser aus der Literatur, erdichtete und bedichtete Häuser.

1

Da ist zuerst einmal das *Rosenhaus* aus Stifters Bildungs- und Entwicklungsroman „Der Nachsommer".

Wer dieses Buch gelesen, ja, wer es vielleicht sogar nur angelesen hat, dem wird das Bild dieses Hauses nie mehr aus dem Gedächtnis entschwinden. Nicht auf die handelnden Personen, auf das Haus konzentriert sich die Suggestion dieser Prosa. – Ein junger Mann wandert, das Ränzlein am Rücken, den Stab in der Hand, durch die Gefilde des oberösterreichischen Voralpenlandes. Es ist früher Sommer, schönes Wetter. Doch einige Wolkenformationen lassen den Wanderer vermuten, daß ein Gewitter kommt. Er schaut sich nach einem schützenden Dach um. Da erblickt er „das Haus“, „ein Haus auf dem Hügel ... ein wenig abseits von der Straße ... weder ein Bauernhaus noch irgend ein Wirtschaftsgebäude eines Bürgers ... eher das Landhaus eines Städters“ und es war, obwohl „ein großer Teil des Landes bereits im Schatten lag, noch hell beleuchtet und sah mit einladendem schimmerndem Weiß in das Grau und Blau der Landschaft hinaus.“ Da sich der junge Mann nähert, hat er „einen bewunderungswürdigen Anblick. Das Haus war über und über mit Rosen bedeckt ... und die Rosen schienen sich das Wort gegeben zu haben, alle zur selben Zeit aufzubrechen, um das Haus in einen Überwurf der reizendsten Farben und in eine Wolke der süßesten Gerüche zu hüllen.“

Der junge Mann wird eingelassen, als Gast aufgenommen, mit den Einrichtungen des Hauses bekannt, mit den hier geübten Sitten und Bräuchen vertraut gemacht. Später wird er in diesem Haus der Frau seines Lebens begegnen, noch einmal später wird er sich ihr verbinden dürfen, dann nämlich, wenn er ein reifer Mensch geworden ist, fähig, „ein edles reines grundgeordnetes Leben zu errichten“. Und das alles in diesem Haus (und ganz ähnlichen Häusern), und das heißt in diesem Falle: auch durch dieses Haus, kraft dieses Hauses.

Fürs erste könnte dieses Rosenhaus als ein Bollwerk bürgerlichen Wohlstands erscheinen, supergeordnet und supergepflegt – (bis fast an den Rand der Lächerlichkeit). Die Böden sind aus so glattgeschliffenem Marmor, daß man sie nur in Filzschuhen betreten darf. An den Wänden hängen die schönsten und lehrreichsten Bilder. Jedes Ding liegt in seinem Fach. Nirgends ein Fleckchen, nirgends ein Stäubchen, die Teppiche zeigen keine Falte, die Vorhänge keine Verknitterung. Alles glänzt, schimmert, duftet und ist von himmlischer Reinlichkeit.

Im Hause herrscht heilige Stille. Nur die Vögel lassen ihre lieblichen Stimmen erschallen. Nie klappert ein Eimer. Nie wird eine Tür zugeschlagen. Mit unermüdlicher Geduld führt der bejahrte Hausherr seinen jungen Gast durch alle Räume und gibt ausführliche Erklärungen zu allen Vor- und Ein- und Zurichtungen des Hauses, die allesamt so klug, so weise, so lückenlos ersonnen sind, daß sie das Leben der Bewohner wie mit einer hermetischen Glocke umschließen. Da dringt nichts ein, was nicht schon nahezu vollkommen ist.

Ein solches Haus, wird sich der Leser mit Recht sagen, gibt es nicht. Es ist ein idealer, ein utopischer Ort. Wo könnte Stifter einen solchen je erfahren haben?

In seiner Ganzheit, Vollkommenheit, Hermetik sicher nirgendwo, in Einzelzügen aber da und dort. Sogar Authentisches läßt sich nachweisen:

Die Landschaft rings um das Rosenhaus ist, deutlich zu erkennen, das oberennsische Kremstal, Voralpenland in der Nähe des Stiftes Kremsmünster.

Eine schöne Gegend, und Stifter nennt sie eine der schönsten Gegenden der Erde. Ein dem Rosenhaus benachbartes Anwesen nennt er Asperhof, und richtig, einen „Aspermeier“ gibt es noch heute. Er soll zu Stifters Zeiten auch mit Rosen bewachsen gewesen sein. Doch Stifters Rosenhaus ist er deshalb noch lange nicht.

Nie hätte es in einem bäuerlichen Anwesen, an einer ländlichen Produktionsstätte so erlesen, so patrizisch, so puristisch zugehen können. Aber da erinnern wir uns: Stifter hat seine Schülerzeit im Stift Kremsmünster verbracht. Acht Jahre ging er da auf das Gymnasium. Sie seien, sagt er später, seine glücklichsten, „weil reinsten“ Jahre gewesen. Zu ihnen kehrte Stifter, wie ich vermute, bei Abfassung des „Nachsommers“ zurück. Die Landschaft ließ er so, wie sie war und wie er sie immer wieder erfuhr, in seine Dichtung eintreten. Das Haus veränderte er: Aus dem die ganze Gegend dominierenden mächtigen Stiftsbau mit Kirche und Sternwarte machte er ein bürgerliches Gebäude, „das Landhaus eines Städters“. Aus dem jahrhundertealten Feudalbau war – im Sinne der Zeit und im Sinne auch ihrer Bildungsideale – eine großbürgerliche Bleibe, aus dem Sakralbau der wohlbestallte Ansitz eines Weisen geworden, eines Privatgelehrten, ehemals Verwaltungsmann, jetzt in tätiger Muße seinen Neigungen lebend. Und doch – hat dieser Herr von Risach nicht deutlich zölibatäre Züge? Herrscht er nicht über sein frauenloses Hauswesen wie ein milder Abt? Sind diese schönen, mit Marmor intarsierten Gemächer, Bibliotheken und Lesezimmer nicht viel eher klösterliche als bürgerliche Räume? In das Rosenhaus des Freiherrn von Risach ist das Institutionelle und Feierliche des Stiftes eingeflossen. Klösterlich ist die Stille, die hier herrscht, die Sauberkeit, die Pünktlichkeit, mit der die Mahlzeiten eingenommen werden, die Selbstverständlichkeit, mit der anständiges Betragen gefordert und von jedem Gast erwartet wird.

Freilich: das Kultische bleibt ausgespart. Es gibt keinen Gottesdienst und kein Chorgebet, dafür aber unablässige Meditation über Natur, Kunst, Schönheit. Das Heilige ist weltlich geworden.

Denn da sind die Rosen.

Die Rosen: Sinnbild der Liebe, des Lebens, der geschlechtlichen Lust, der erotischen Entzückung. Dornröschenmotiv. Dieses war in den Entwurf mönchischer Lebensformen allerdings so leicht nicht einzubringen. Darum Säkularisation, Abwandlung der klösterlichen in eine bürgerliche Ordnungswelt. In ihr hatte auch die Frau ihren Platz.

Nun freilich: den Weg zur idealen Frau konnte sich Stifter nur als langen, komplizierten (und deshalb auch poetisch ergiebigen) Umweg vorstellen. Ein herzhaftes Geradezu gab es nicht für ihn. Vom jungen Wanderer Heinrich heißt es im ersten einleitenden Kapitel, er habe als Kind niemals die Schlafstube seiner Eltern betreten dürfen. Alles Geschlechtliche ist also für ihn mit einem undurchdringlichen Tabu bedeckt. Nun nähert er sich dem Risachschen Haus. Die blühende Rosenhecke zieht sein Auge magisch an sich; erste Vorahnung berührt seine Seele: In jeder Knospe schlummert künftige Gegenwart. Aber noch denkt er an keine Frau, und wagt auch gar nicht an sie zu denken. Er muß sich erst würdig erweisen, ehe er der künftigen Geliebten überhaupt begegnen darf. In diesem Prozeß wird ein von zarten Andeutungen aufsteigender Initialritus geschildert, die Geschichte einer Einweihung: stufenweise enthüllt sich das Geheimnis der Liebe. Die letzte Station führt in Nataliens Arme und, wie Stifter versichert, in ein „reines Familienleben".

Es liegt in der Natur der Sache, daß die Schilderung des Anfangs den größten Zauber ausstrahlt: Hier genießt der Leser die eigene Hellhörigkeit, die eigene ahnungsvolle Empfindlichkeit für zarte, verstreute, ankündigende Signale. Die Passagen der Erfüllung gleiten ab; sie haben es nur noch mit der Materialität eines erreichten Glückes zu tun. Und das ernüchtert.

Stifters von Ängsten und Schmerzen verdunkeltes Leben hat nie den sicheren und freundlichen Hafen eines Rosenhauses erreicht. Er hat immer unter Trübe und „Unreinlichkeit" seiner privaten Verhältnisse gelitten. Um so geschäftiger war seine Phantasie am Werk, früh erfahrene Ordnung einzubeziehen in seine unerfüllten, auch unerfüllbaren Träume. Darum die poetische Rückkehr des „Nachsommers" in die Landschaft seiner Jugend, in das wahlheimatliche Voralpenland, in die Nähe des Stiftes, in dem in ihm alle Begeisterung für das „Gute, Wahre, Schöne in Religion, Kunst, Wissenschaft und Lebenswandel“ erweckt worden war; darum auch der Versuch, diese Ordnung einzuspiegeln in Bürgerliches, Privates: Biedermeier im Abglanz eines durch Stifter selbst lange ausgetragenen Abschieds von der goethischen, von der klassischen Welt.

2

Neunzig Jahre später: ein anderes Buch, wieder ein Roman und wieder ein Haus in Oberösterreich, diesmal ganz real: man kann es orten, kann es aufsuchen, kann rundumgehen. Es zu betreten, ist allerdings nicht ratsam: man könnte von einem herunterstürzenden Gesims getroffen, von einer zusammenfallenden Mauer begraben werden. Es ist Schloß Hagenberg bei Pregarten im Mühlviertel. Der Autor Franz Tumler nennt es in seinem Roman „Ein Schloß in Österreich“ Schloß Bergheim. Das ist kein sehr phantasievoll erfundener Name. Mit der Phantasie ist es überhaupt in diesem Buch nicht allzu üppig bestellt: Auch die Leute, die Bergheim bevölkern, sind geradewegs aus der Wirklichkeit in das Buch geholt. Franz Tumler hat seinen eigenen langjährigen Wohnsitz weniger zum Schauplatz einer dichterischen Vision als zu einer akribischen, bemüht nüchternen Beschreibung machen wollen. Als er das Buch schrieb, 1947, hatte sich der Terminus Dokumentation im literarischen Bereich noch nicht eingebürgert, aber die Gesinnung der Dokumentation war bereits vorhanden.

Was der Autor unter seine Lupe nimmt, sind keine idealistischen Wunschbilder, auch keine pädagogischen Provinzen. Es sind gesellschaftliche Vorgänge unter dem Druck einer dramatischen geschichtlichen Situation. Die Erzählung setzt im Jahr 1939 ein und endet zehn Jahre später. Man weiß, was unterdessen geschah. Franz Tumler rekapituliert es noch einmal an Hand dessen, was er „das letzte Kapitel des Lebens in einem alten Haus" nennt, und zwar in einem besonderen Haus: in einem Schloß; und das eben war die Hauptsache an der Geschichte, denn Schlösser sind besondere Orte. „Schlösser", schreibt Tumler, „gibt es nicht alle Tage".

Er meint damit: Nicht alle Tage ziehe man in einem Schloß ein, nicht alle Tage lasse man sich auf die Forderungen ein, die ein Schloß an seine Bewohner stellt. Deutlicher als andere Gebäude stellt es ein Kontinuum dar einer politischen, gesellschaftlichen, kulturellen Entwicklung. Hier fortzufahren ist nicht leicht. Ein Schloß auszufüllen ist ein hoher Anspruch. Tumler nennt Bergheim oft „das tausendjährige Haus". So ordnet er seinen realistischen Bericht doch noch um ein Symbol.

Der Inhalt: Bergheim hat in den dreißiger Jahren

seine Glanzzeit schon hinter sich. Es ist – wie viele Plätze seiner Art im ganzen Land – schon ein wenig verfallen. Seine alten feudalen Funktionen sind längst abgebremst. Da aber, nach dem Anschluß Österreichs an Deutschland, zeichnet sich Hoffnung auf neuen Aufschwung ab. Reichsdeutsche Betriebsamkeit und optimistische Ankurbelung sind personifiziert in dem neuen Besitzer, einem Herrn von Plümeke. Um ihn scharen sich die verschiedensten Leute: der Ingenieur und homo technicus Uhlig und seine Frau Elise, Plümekes altjüngferliche Schwester Irmgard, Gutsverwalter, Arbeiter, Angestellte, redliche und bemühte und weniger redliche und nur auf ihren Vorteil bedachte Leute; die alten Gräfinnen auch, die „ihr Ende schon hinter sich haben", also eine Gruppe von vielen Figuren in wechselnden Funktionen; etliche, die besten unter ihnen, sehen im Schloß, im Gutshof und der Landwirtschaft eine neue befeuernde Aufgabe.
Doch der Krieg biegt das muntere Wachstum, biegt die Schößlinge der aktivistisch aufgeheizten Lebenstriebe sehr bald um. Hatte Plümeke gewollt, daß aus Bergheim ein Musterbetrieb werde: nun ist es ein Notbetrieb geworden. Flüchtlinge rücken an, suchen Unterschlupf, verbreiten Unruhe und flüchten weiter. Angst breitet sich aus, noch will man ihr nicht nachgeben. Die Zwänge der Zeit werden immer mächtiger. Die etwas verworrene Liebesgeschichte hätte über Dreier- und Viererpartnerschaften unter anderen Umständen wahr-

scheinlich in eine große Tragödie, in einen leidenschaftlichen Eklat geführt; unter den herrschenden Umständen nicht. So dürftig der Lebenszusammenhang geworden sein mag, in der Not wird er weitergehalten. Dann: Kriegsende. Die Russen kommen, sie verjagen die Besitzer, richten die wüste Herrschaft der Sieger auf. Ihr Eingreifen schaufelt neue Schichten nach oben. Das Schloß verfällt nun ganz schnell, wird ausgeplündert, ausgeweidet. Die Leute, die früher in herrschaftlichen Zimmerfluchten wohnten, hausen jetzt in elenden Keuschen, in „Robinsonlöchern". Noch weist nichts auf die kommende restaurative Nachkriegszeit hin. Bergheims Schicksale enden in der Verheerung.
Man hatte neues Leben in einem „tausendjährigen Haus" – im Schatten eines „Tausendjährigen Reiches" – gründen wollen. Der Versuch ist gescheitert. Den Davongehenden bleibt eine „tiefe, niemals gestillte Wunde, unbedeckte Blöße". So schauen sie „auf das Schloß zurück, wie es schartig am Dach und blind in den Fenstern herüberdroht", die ausgeleerte Hülse einer mißglückten Vergangenheit. „Man kann nicht sagen, daß die beiden Kriege überall die alte Gesellschaft weggewischt hatten." In diesem Fall ist es gründlich geschehen.
Tumler war von jeher in seinem Werk der Figur des Verfalls, der Entleerung alter Formen, dem Mißlingen großer Entwürfe nachgegangen. Diesem jeweils weitgespannten Thema wagte er aber – außer in seinen ersten Büchern – nie in freier Er-

findung zu folgen. Er schrieb als Beobachter realer Vorgänge, also „nach dem Leben“, manchmal ängstlich genau, nicht ohne Umständlichkeit. Der mischenden Phantasie, der wir zum Beispiel Stifters Rosenhaus verdanken, vertraute er nicht. Trotzdem statuierte er in seinem „Schloß in Österreich“ ein nicht unwichtiges Exempel; er zeigte den Rückzug des Persönlichen aus den Entscheidungszonen, das Vordringen allgemeiner Nötigungen durch abstraktere Strukturen. Er zeichnete nach, wie die Zeit Ernüchterung nahelegt und zu Verzicht erzieht (Verzicht auch auf Sublimation). In Bergheim gab es keine Rosen.

3

So führt *ein* Weg vom Tumlerschen „Schloß“ zu unserem dritten literarischen Haus in Oberösterreich, zum „Kalkwerk“ von Thomas Bernhard. Es hat mich von allen Büchern Bernhards am tiefsten berührt, ich halte es für ein (sein?) Meisterwerk, es ist ein Roman, der gleichfalls auf Dokumentation anspielt, doch nur in dem Sinn, daß es die dokumentarische Attitude einnimmt: sie wird dem Autor zum Kunstmittel ersten Ranges.
„Das Kalkwerk“ gibt sich als Bericht verschiedener Personen über die Hauptfigur, Konrad, den Besitzer und Bewohner des Kalkwerks. Obwohl ein abgründiger Menschenhasser, scheint sich dieser Konrad doch sehr ausführlich über seine Person,

auch über seine Ehe, geäußert zu haben, denn die Berichterstatter sind in der Lage, ein nahezu lükkenloses Bild zu liefern von Konrad, von seiner Vergangenheit, nicht zuletzt auch von seinem ebenso wütenden, wie vergeblichen Kampf um seine Selbstverwirklichung.
Das Motiv der Berichterstattung: ein Verbrechen. Konrad ist zum Mörder geworden – und damit zum Objekt genauester Aussagen.
Alle Berichte werden dem Leser im Konjunktiv der indirekten Rede angeboten. Man denke: ein ganzes Buch im Konjunktiv, der doch sonst in unserer Literatur neuestens eher vermieden, ja, sogar schon perhorresziert wurde. Allein dieser Umstand verleiht dem Buch einen merkwürdigen Reiz. Auch die Beschreibung des Kalkwerks wird indirekter Rede anvertraut. Das liest sich dann so: „Natürlich sei es ein Kerker, sagte Konrad zu Fro, und es mache ja auch schon den Eindruck eines Kerkers, eines Arbeitshauses, dieser Eindruck sei durch die Jahrhunderte verdeckt gewesen, ... er aber, Konrad, habe diesen Eindruck wieder voll zum Vorschein kommen lassen, zu rücksichtslosem Vorschein.“ So habe Konrad die Ziergitter herausreißen und die „Zweckmäßigkeitsgitter“ in die dicken Mauern hineinmauern lassen, er habe alle Schnörkel und allen Zierat sofort entfernt, „mit eigenen Händen aus den Wänden heraus- und von den Wänden heruntergerissen, herausgebrochen, herausgeschlagen“ und durch keinerlei neue Zierate ersetzen lassen, denn alles sollte verein-

facht, vergrößert, dabei verschlossen und verrammelt werden. Ringsum dichtes wildes Gestrüpp, Stille, Stille des Todes, Einsamkeit voll Menschenhaß: ein Ort der Verzweiflung.

Hinter den schrecklichen dicken eisigen Mauern, „deren Ausdehnung niemand recht abschätzen kann“, haust nun Konrad, Gegentyp des Herrn von Risach, mit seiner verkrüppelten Frau, die er haßt, die er quält und die er endlich tötet. So wird dieses dritte literarische Haus in Oberösterreich zur wahren Gegenposition des Stifterschen Rosenhauses. Dieses ein Platz der Liebe, der ahnungsvollen allmählichen Annäherung, seligen Verschmelzung und Entzückung; dieses ein Ort des Hasses, der Untat und Vernichtung. Steigt der junge Stiftersche Held in immer lichtere Höhen, so flüchtet sich Konrad schließlich nach dem Verbrechen in die unterste Region des Schreckens, die Jauchengrube. Dort wird er aufgestöbert und dem Gericht überliefert.

Das Buch scheint auf den ersten Blick eine totale und radikale Absage an Stifters ideale Utopie, dazu noch eine kaum zu steigernde Steigerung der schwerblütigen Trauer, die Tumlers „Schloß in Österreich“ durchgeistert.

Aber – und hier scheint mir ein Grundgesetz der Literatur auf interessante Weise exemplifiziert – auch das Nonplusultra der Schrecken kann sich am Ende doch nicht nur an Schrecken konturieren. (Das nur eingleisig negative oder nur eingleisig positiv geführte Thema entwickelt keine Griffigkeit.) Auch im Dasein des unseligen Konrad gibt es etwas Gutes, es gibt eine große Hoffnung, eine selbstgestellte Aufgabe, eine wenn auch jeweils immer wieder frustrierte, doch unermüdbare kreative Besessenheit.

Konrad will eine Studie schreiben, ein Werk schaffen, das auf kunstvolle Weise wissenschaftlich und mit wissenschaftlicher Methodik künstlerisch, dem Gehör und seinen Geheimnissen auf die Spur kommen soll. Ohr und Gehör sind nun freilich in der Symbolsprache der Dichtung etwas Geheimnisvoll-Mächtiges, Rätselhaft-Trächtiges, etwas Vielschichtig-Deutbares, Tief-Verschlüsseltes. Das Gehör ist als Horchendes Teilhaberschaft an der Stimmhaftigkeit des Daseins, zugleich aber auch Verborgenes, Bewahrendes, Muschel, Höhle, Labyrinth: Verstummen –.

Konrad kann die Studie nicht schreiben. Aber er kämpft darum. Er verzehrt sich in diesem Kampf. Er hat sich nur deshalb in diesem entsetzlichen Kalkwerk eingeschlossen, weil er nach Jahren vergeblicher Anstrengungen hoffte, hier, eben hier, sein Werk vollenden, zur Erkenntnis durchstoßen, dem Grundgeheimnis auf die Spur kommen, d. h. die so heiß ersehnte Kommunion endlich vollziehen zu können.

Hier fällt uns wieder Stifters Rosenhaus ein: Dornröschenhecke, Blumenkelch, der sein Innerstes verbirgt, Mysterium; ähnliches Mysterium wie das Labyrinth des Ohrs; beides Topoi einer utopischen Ankunft.

Stifter glaubte noch an die Möglichkeit solcher Ankunft. Tumler hält sie für gescheitert; Bernhard führt sie ad absurdum. Drei Bücher, drei Temperamente, drei Weltentwürfe. Immer bedient sich der Dichter derselben uralten Symbolik: Das Haus, das Tor, das Unbekannte, das Nie-Vollzogene, die erahnte, gewonnene oder verlorene Ankunft; und er deutet es jeweils in der ihm eigenen Freiheit als Himmel oder als Hölle.

Alles war anders in Jeruschalaim

Das Christentum ist eine Religion, die metaphysisch-philosophische, mythische *und* geschichtliche Elemente vereinigt. Wer Evangelium denkt, denkt unter anderem auch Konkret-Lokalisiertes, Zeitlich-Definiertes: der Pontius Pilatus im Credo ist eine geschichtliche Figur wie etwa Varus oder Vercingetorix, das Jerusalem der Zeitenwende ein archäologisch fixierter Platz wie die Akropolis von Athen und das Forum in Rom. Unsere Vorstellungen aber haben mit diesen wissenschaftlich erhärteten, vielfach nachprüfbaren Kontexten sehr wenig zu tun.

Unsere Vorstellungen vom biblischen Geschehen sind nämlich nicht einmal so nachdrücklich von der christlichen Überlieferung, d. h. von der Bibel selbst geprägt. Sie sind sehr viel stärker, als wir es uns gemeinhin klar machen, von einer ganz anderen, eigengesetzlich entwickelten Instanz geformt, von der Bildenden Kunst.

Die Bildende Kunst, vor allem Fresko, Ölbild und Graphik, hat uns die Berichte der Schrift in unzähligen Abwandlungen illustriert und damit nach ihren eigenen formalen Gesetzlichkeiten aus- und umgedeutet. Diese Deutungen entwickelten sich zu bestimmten Traditionen, doch zu Zeiten, in denen historische, geographische oder volkskundliche Dokumentationen mehr oder minder unbekannt waren und vermutlich auch gar nicht vermißt wurden.

So malte man viele Jahrhunderte lang die heiligen Stätten Sinai, Jerusalem, Bethlehem, den See Ge-

nezareth ohne viel danach zu fragen, wie es dort in Wirklichkeit aussah. Die wenigen Reisenden, die aus jenen Gegenden kamen, brachten keine naturgetreuen Bilder und keine genaueren Beschreibungen mit. Dieser Mangel schlug der Bildenden Kunst zum Glück aus, denn um so freier konnte sich die schöpferische Phantasie entfalten und um so unbedenklicher sich von der fruchtbaren Vieldeutigkeit der Botschaft inspirieren lassen.
Unsere Lage ist freilich eine andere: Einesteils weigerte sich bis vor kurzem die moderne Kunst, auch die mit religiöser Thematik, der Natur oder der sogenannten Wirklichkeit nachzugestalten; andernteils sind wir durch den Fortschritt der historischen Wissenschaft und eigenen Augenschein imstande, Umwelt und Modalitäten der biblischen Ereignisse sehr viel genauer zu imaginieren als unsere Vorfahren.

Da ist etwa der Tempel zu Jerusalem auf dem Berge Moriah. Er spielte im Leben Jesu keine geringe Rolle. Nicht nur, daß er sich als zwölfjähriger Knabe seinen Eltern entzog, um „hier, im Hause seines Vaters“ zu weilen, daß er später voll Zorn die Händler und Wechsler aus dem Vorhof trieb, hier vollzog sich auch sein entscheidender Bruch mit der etablierten pharisäisch-sadduzäischen Orthodoxie. Dementsprechend ambivalent war das Verhältnis des Christen zu diesem Ur-Heiligtum seines eigenen Glaubens. Auf der einen Seite suchte man ihm schuldigen Respekt zu zollen, auf

der anderen konnte man nicht umhin, ihn mit suspekten Gestalten zu bevölkern: Hier lauerte ja die Macht, die den Menschensohn später zu Tode bringen sollte. Vor allem aber nahm man schon in hochmittelalterlicher Buchmalerei und erst recht seit der Mitte des 15. Jahrhunderts den Tempel zum Anlaß, in extravaganten architektonischen Träumen zu schwelgen. Die neuentdeckten Gesetze der Perspektive reizten die Maler zu artistischen Bravourstückchen.
So stellte man den Tempel zu Jerusalem mit Vorliebe als ein System äußerst prachtvoll ausgeschmückter Höfe, Hallen, Loggien und kühnster Durchblicke vor, gotisch, solange das Abendland gotisch war, antikisch-barock, sobald es sich in barocken Formen auszudrücken begonnen, auf jeden Fall aber ein sauber gefegtes glänzendes Schmuckkästchen. Darin promenierten turbangeschmückte, aufgeputzte Gestalten, eine Versammlung intriganter Verschwörer.

In Wirklichkeit waren zu Jesu Zeiten Tempel und Tempelbezirk eine einzige ungeheure Baustelle. Herodes der Große, dessen gigantomanische Bausucht an Hitler erinnert, hatte kurz vor der Zeitwende mit einer totalen Umgestaltung des Geländes begonnen. Er wollte nicht nur einen neuen Tempel errichten, er legte rings um diesen den größten Sakralbezirk der Alten und Neuen Welt an. (Peterskirche und Petersplatz ließen sich auf ihm mehr als dreimal unterbringen.) Der breite

Rücken des Berges Moriah wurde einbezogen, unterfangen, abgestützt, mit vielen Prachtbauten in hellenistischem Geschmack besetzt, das Ganze dazu noch kräftig befestigt.
Ein solches Unternehmen war in jener Zeit nur von einem Heer von Bauleuten und im Laufe etlicher Jahrzehnte zu leisten. Da gab es also in Jesu Tagen keine sauberen, zierlich dekorierten Hallen, sondern derbe Gerüste und rohe Quadermauern, Balkenstapel und Baugruben; statt Stille, Leere und Feierlichkeit herrschten Lärm und Gewühl und statt der Staffage diskutierender Schriftgelehrter und haarspalterischer Pharisäer ein unabsehbares Gewimmel zerlumpter, braungebrannter und ausgemergelter Gestalten.

Nicht nur der Tempel, auch die Abendfeier des Gründonnerstags und die Gerichtsszenen vor Hannas und Kaiphas gaben der Malerei erwünschte Gelegenheit, sich in verzwickten Prunkarchitekturen zu ergehen. Das war, was den Ort des Abendmahls betrifft, sicherlich an den Fakten vorbeiinterpretiert. Vermutlich versammelte sich Jesus mit seinen Jüngern in einem sehr einfachen, nahezu armseligen Haus. Was waren sie denn anderes als eine Gruppe armer, verfolgter Wanderprediger? Überdies war Jerusalem in den Vortagen des Passahfestes von jüdischen Pilgern aus aller Welt überschwemmt. Da hieß es zusammenrücken und mit bescheidenster Bleibe zufrieden sein.
In der Nähe des Davidgrabes wird ein im ersten

Stockwerk gelegener, gotisch eingewölbter Saal gezeigt: Hier soll das Abendmahl stattgefunden haben, hier soll sich dann etliche Wochen später die Ausgießung des Heiligen Geistes über die versammelten Jünger ereignet haben. Ich möchte bezweifeln, daß der Ort authentisch ist. Er liegt dem Davidgrab so nah benachbart, daß er kaum von einer kleinen Schar aufrührerischer Sektierer zum Versammlungsort gewählt werden konnte, denn das Davidgrab gehörte zu den vornehmsten Heiligtümern des orthodoxen Judentums, und seine Nachbarschaft wurde gewiß mit Argusaugen überwacht.

Die Stimmung, die die Berichte über das letzte Passahmahl des Herrn ausstrahlen, weist eher auf einen Ort der Verborgenheit, der Abgelegenheit und Stille hin. Man kann sich auch nicht denken, daß, wie einige Forscher annehmen, die Passahfeier auf der Terrasse eines Hauses abgehalten wurde, in einer auf dem flachen Dach errichteten luftigen Laube. Dem Meister, der sich verfolgt wußte, war ganz offenkundig daran gelegen, die letzten Stunden vor seiner Gefangennahme in Ruhe mit den Seinen zu verbringen, um ihnen letzte Offenbarungen und die Stiftung der Gedächtnisfeier zu schenken. So möchte ich eher dazu neigen, mir das Abendmahl draußen vor der Stadt, auf einem Landgut oder in einer vor der Mauer gelegenen Herberge vorzustellen als in der von Unruhe brodelnden, überfüllten Metropole an einem exponierten Platz.

Begreiflicherweise hielten sich die Maler bei ihrer Darstellung der Passahfeier an die Regeln der abendländischen Tischsitten: Sie ließen den Meister und seine Jünger zu Tisch sitzen, während man in jener Zeit üblicherweise zu Tische lag. Gewiß hätte man diese Haltung als würdelos empfunden, auch hier erfolgte, wohl zumeist unbewußt, ein Korrektiv in Richtung eigener Sitten, aber auch hierarchischer Strenge und formaler Geschlossenheit.

Nach Jesu Gefangennahme am Ölberg führte man ihn zum Hohenpriester Kaiphas, um ihn zu verhören. Petrus folgte ihm, schlich sich in den Hof des Palastes ein, wurde dort erkannt, verleugnete seinen Meister und schwor, er kenne ihn nicht. Unterdessen war Jesus vom Hohen Rat verhört worden. Als er aus dem Saal geführt wurde, erblickte er Petrus, und Petrus, vom Blick des Meisters getroffen, erinnerte sich dessen Prophezeiung: Ehe der Hahn kräht, wirst du mich dreimal verleugnen. Da schämte sich Petrus, ging hinaus und weinte bitterlich.
An diese Episode erinnert das Kloster „San Pietro gallicanto", St. Peter zum Hahnenschrei, in Jerusalem. Das Kloster ist an den steilen Westhang des Tyropaion- oder Käsemachertales gebaut, zwei neue, häßliche Gebäude, Kloster und Kirche durch eine Straße getrennt. Doch wie so häufig in diesem Land ist das christliche Gotteshaus nichts weiter als überbauter, überwölbter archäologischer

Bestand, und in diesem Fall von außerordentlichem Ausmaß und seltener Eindeutigkeit. In und unter den Fundamenten der Kirche sowie hangabwärts und -seitwärts hat man nicht mehr oder weniger als die Reste des Hohenpriesterlichen Palastes aus Jesu Zeiten, den Palast des Kaiphas also, entdeckt. Unterste Stufe an dem Steilhang: das Wirtschaftsgebäude mit Getreidesilo und Ölpresse; in einem Gaden fanden sich zwei vollkommene Sätze von Hohl- und Gewichtsmaßen, Gomer und Shekel, wie sie damals nur noch im Tempeldienst üblich gewesen; unfern davon eine Aufschrift: „Hier zahlen Diebe ihre Buße", was, wie wir wissen, an den Hohenpriester zu erfolgen hatte.

Über dem Wirtschaftstrakt erhob sich, den Hang emporsteigend, das Polizeigefängnis. (Die niedere Gerichtsbarkeit lag ja auch unter römischer Besatzung beim Hohenpriester.) Dieser Teil des Palastes ist am besten erhalten, ein System von Höhlen, die man in den gewachsenen Fels gehauen hat. Da ist vor allem eine zweimannshohe, birnenförmige Grube, in die man die Gefangenen mittels Stricken von oben herabließ und sie vielleicht auch wieder herausholte. Sonst war keinerlei Zugang da, und so gab es auch kein Entkommen. Am Birnenhals: ein Guckfensterchen, durch das sich der Kerkermeister über das Tun und Lassen der dort Eingeschlossenen informieren konnte. Dabei saß er auf bequemem Steinsitz in seiner höher gelegenen Wachstube.

Dort saßen oder lagen auf rundum laufenden Steinbänken die anderen, vermutlich für weniger gefährlich gehaltenen Arrestanten. Ihre Fesseln, Ketten oder Stricke waren an in den gewachsenen Fels gehöhlte Ösen befestigt. Zwischen zwei Säulen wurden jene angebunden, die zu Geißel- oder Peitschenhieben verurteilt worden waren. Hilflos ausgereckt, mit zwei gespreizten Armen und Beinen, konnten die Unglücklichen nicht einmal ihr Gesicht oder Geschlecht decken. Im übrigen hatte man an alles gedacht: aus dem rohen Felsboden waren topfartige Gruben herausgehauen. Sie wurden mit Essigsud gefüllt. In den Sud wurden die Ruten getaucht, so erhielt man sie geschmeidig.
Der dritte und oberste Teil des Palastes enthielt den Saal, in dem der Hohe Rat tagte, dort öffnete sich auch der Hof, in dem sich Petrus am Feuer wärmte. Hier sind nur mehr Reste erhalten, doch auch sie erlauben uns mit dem Gefängnistrakt zusammen eine Vorstellung davon, wie sich der Palast des Kaiphas zu Christi Zeiten präsentierte: als zwar verhältnismäßig weitläufiger, doch roh gemauerter und aus dem Fels gehöhlter winkliger Fuchsbau, von einem Palast in unserem Sinne keine Rede.

Die letzte Station und zugleich Höhepunkt der Heilsgeschichte vollzog sich auf einer von allen vier Evangelien gleicherweise apostrophierten, doch sonst in keiner zeitgenössischen Quelle erwähnten Stätte: *Golgotha.*

In der malerischen Vergegenwärtigung erschien dieser Hügel zumeist weit vor der Stadt gelegen, als eine die ganze Landschaft beherrschende Kuppe oder gar als hochragende Felsklippe. Indem man die Todesszene des Herrn mit den drei Kreuzen weit hinaus in die Landschaft schob, ordnete man damit gleichsam die ganze Welt konzentrisch um das dramatische Opfer des Menschensohnes, man erreichte kosmische Dimensionen, man sprach mit formalen Mitteln Gemüt und Ahnungsvermögen des Gläubigen an.
Die Wirklichkeit hatte auch hier ein sehr anderes Gesicht. Wohl lag die Schädelstätte in jener Zeit vor der Stadt Jerusalem und außerhalb der herodianischen Mauer. Aber es können nur ganz wenige Schritte von ihr zu dem niedrigen Felsknauf oder Felsriegel gewesen sein, auf dessen Anhöhe man Jesus zwischen den Schächern gekreuzigt hat. Es war auf einer unbedeutenden, felsig-buckligen Erhebung auf dem insgesamt sanft ansteigenden Gelände, nordwestlich der alten Stadt in unmittelbarer Nähe des Ephraimtores, durch das an jenem Vorsabbat-Nachmittag unzählige Pilger geströmt sein mögen, müde Wanderer und abgemattete Reiter, Weiber und Kinder, Alte und Junge. Vielleicht drängten die meisten vorüber, ohne der makabren Szene oben auf der kahlen Felsnase unter der Mauer mehr als ein flüchtiges Aufschauen zu schenken.

Ruhig verlief jenes Passahfest zu Jerusalem, viel ruhiger als so manches andere; die Geschichte berichtet uns von keinem Aufruhr, und die Annalen wissen nichts von einer jähen Verfinsterung des Himmels oder einem Erdbeben. Ganz unbemerkt sogar von den meisten Augenzeugen hatte die neue Weltzeit begonnen, als man hastig, vor Sonnenuntergang, einen armen, zerschundenen Leichnam in ein nahes Grab transportierte: Ein angesehener Mann namens Joseph von Arimathias hatte es zur Verfügung gestellt, und ein Ratsherr namens Nikodemus hatte eine außerordentlich große Menge stark duftender Spezereien zu diesem Begräbnis geliefert.

Heute ist vom ursprünglichen Gelände des Golgotha so gut wie nichts mehr zu sehen; es ist unter der Grabeskirche verschwunden, eingebaut, eingemauert – und nur noch als Rumpf, als Stumpf vorhanden, denn seit Konstantin wurde an diesem Stückchen Erdkruste modelliert, geschliffen, gemeißelt, gesprengt, einmal aus Ehrfurcht, um es würdig zu überwölben, auszuschmücken und zu verherrlichen, ein anderes Mal wieder aus Haß, um die Spuren der Verherrlichung zu tilgen.

Nur an einer einzigen Stelle ist der nackte Felsen Golgotha noch sichtbar. Er wurde bei der letzten Restaurierung der Grabeskirche in einem Pfeiler steckend entdeckt, ein stehen gebliebener Felszahn. Nun hat man ein Fenster in den Pfeiler eingelassen, durch ein Glas kann man den schrundigen Kalkstein betrachten.

Was ursprünglich war, hat die Geschichte verändert. Aber tiefer als die materiellen Veränderungen wirkte die Einbildungskraft des Menschen, seine Gabe auszudeuten, umzudeuten, seine Lust, Legenden zu spinnen. Er hat den geschichtlichen Kern der Botschaft jeweils in Richtung seiner eigenen jeweiligen Situation interpretiert. Uns bleibt nichts übrig, als weiterhin nach dem Kern zu fragen und uns zu neuen Deutungen anzustrengen.

Wind und Wolken über Apulien

Die Italiener sagen: Che tempo pazzo!, ein elendes Wetter, aber für uns ist es herrlich: der Morgen bedeckt, der Abend kühl, und immer dieser leichte Wind, der die Getreidefelder fächelt. Am frühen Vormittag schon reißt die Wolkendecke auf, sie teilt sich in leuchtende Ballen, wandernde Herden, jagende Schwärme, galoppierende Rudel. Für eine Stunde wird der ganze Himmel zur Landschaft einer riesigen Völkerwanderung. Aber dann, gegen Mittag, ist das wolkige Getümmel aufgesogen, eingeschmolzen ins Blau, nur noch die Sonne herrscht allmächtig über dem ungeheuren Raum.

Unser Wagen windet sich die Küstenstraße entlang. Wir wollen heute noch den Sporn Italiens, den Monte Gargano, erreichen.

Wir haben uns vorgenommen, auf dieser Reise den Spuren der Normannen und der Staufer zu folgen. Warum? Norditalien, Rom, Neapel, sogar Sizilien sind von Touristen überlaufen. Aber Apulien und der Monte Gargano wurden uns als abgelegen empfohlen: noch würden sie vom Strom der Urlaubsreisenden umgangen. Bilder uralter Kirchenfassaden haben uns angelockt, auch von Schlössern Friedrichs II. war die Rede, und schließlich hat uns jemand auch von den Trulli erzählt. – Die Trulli? – Ach ja, die gibt es noch in dieser Gegend, sind das nicht diese komischen kleinen runden spitzbedachten Häuschen? – So bekamen wir Lust, auch sie zu besuchen. Damit war die Route gewählt.

Normannen und Staufer: geschichtsentfremdet und befangen in unseren Problemen, wie wir sind, haben wir ein bißchen Mühe, in unserem Gedächtnis einen Zusammenhang aufzustöbern, so weit abgetrieben und entlegen scheinen uns jene Jahrhunderte, so abstrus auch der Zirkelschlag der Geschichte: Was hatten denn Normannen und Staufer in Süditalien zu suchen? Sie stammten doch aus dem Norden, die Staufer aus Schwaben, die Normannen als Abkömmlinge der Wikinger sogar aus Skandinavien. Welcher Zufälle und welcher Schübe hat es bedurft, um sie bis in den Süden Italiens zu führen, um diese weiträumigen Machtergreifungen und Einflußnahmen in Gang zu setzen?

Die Geschichte eines Landes ist zumeist die Funktion seiner Natur, seiner Bodenbeschaffenheit, seiner Lage. Als südlichster Mittelpfeiler Europas mußte Süditalien alle Wandertendenzen nördlicher Nomaden auf sich vereinigen, aber es mußten sich auch alle Kräfte, die das Mittelmeer durchkreuzten, hier begegnen. Die Begrenzung durch das Meer war zugleich auch Öffnung zum Meer. Die See verhindert zwar die schrittweise Infiltration durch nächste Anrainer, dagegen verlockt sie zur Landnahme durch kühne organisierte Gruppen, die nicht nur von benachbarten Küsten, sondern von weit her kommen mögen. In solchen Zonen führt nicht die allmähliche Entwicklung der eingesessenen Kultur in das volle Licht der Geschichte, hier wird der dramatische Handstreich zum Vehikel der Evolution: der fremde Eindringling sät Tod und Verderben und verschwindet wieder wie ein böser Traum – oder er faßt Fuß, bleibt und führt eine neue „Sternstunde“ über das Land herauf.

Zwei solcher Sternstunden gingen im Verlauf der Geschichte über Unteritalien und Sizilien auf: die griechische und die normannisch-staufische. Im achten, siebenten und sechsten Jahrhundert vor Christus war es Griechenland, das diesen Küsten seinen Stempel aufprägte; es krönte die einheimische Bauern- und Hirtenkultur mit den Wundern von Pästum, Agrigent und Segesta. Dann erschien Rom und überzog die Gartenlandschaft hellenischer Vielfalt mit der Monokultur quiritischer Disziplin. Als dann auch Rom zugrunde ging, versank Unteritalien mit Sizilien zusammen in einem trüben Wirrwarr sinnloser Zwistigkeiten. Langobarden, Byzantiner, Sarazenen machten es einander streitig, jeder kämpfte mit jedem, nirgends zeigte sich ein überlegener politischer Wille, nirgends ein Muster von prägender Kraft.

Plötzlich aber und unvermutet trat eine Wende ein, noch dazu aus einer Richtung, aus der vernünftigerweise keinerlei Stabilisierung zu erwarten gewesen wäre, aus einer Ecke, aus der das zeitgenössische Europa eher nur Greuelnachrichten zu vernehmen gewohnt war. Der Kristallisationspunkt zu neuer Kultur wurde von fremden Barbaren gesetzt:

An den fernen Küsten des Atlantik, im Mündungsgebiet der Seine, hatten in den Tagen der späten Karolinger die Wikinger ein neues Reich gegründet. Ein Hunderttausend rastloser und grausamer Gewalttäter war im Laufe von knapp zwei Jahrhunderten in alle Richtungen der Windrose explodiert: von Norwegen nach Island, Spanien, England, Nordamerika, Südrußland und in die Normandie. Zufällig verirrte sich – kurz nach dem Jahr 1000 – eine Schar von vierzig normannischen Rittern auch nach Salerno.
Sie kamen zu Schiff soeben von Palästina vorbei und legten an der Mole von Salerno an, vielleicht nur, um frisches Wasser an Bord zu nehmen, vielleicht auch nur, um den schwankenden Boden ihres schlanken Drachenschiffes für eine Weile mit dem festen Felsengrund einer italienischen Hafenbucht zu vertauschen. Da hören sie: die Stadt Salerno hat soeben Ärger mit arabischen Eindringlingen, die fremden Moslems gehen in Stellung und wollen Salerno belagern. Es steht nicht zum besten um die Christenstadt. Man könnte Hilfe gebrauchen. Wie wär's, wenn die vierzig Ritter, die eben angekommenen, ein wenig mithelfen wollten, die Araber zu verjagen? Gegen angemessene Belohnung, wie sich von selbst versteht, das blühende Land ringsum hätte so manches zu bieten.
Die Fremden schlagen ein, sie machen mit, und helfen Salerno zu befreien. Sie werfen die Moslems ins Meer, sie fassen Fuß im Land. Sie lassen sich – kriegerische Gastarbeiter – anwerben zu

neuen Unternehmungen. Sie machen sich den Anwerbern unentbehrlich. Bald werben sie selbst. Bald führen sie selbst zum Kampf. Bald reißen sie die Macht an sich. Das Schicksal Süditaliens setzt zu neuem Aufschwung an. Ein winziger Zufall hat ihn in Gang gesetzt.

Natürlich blieben jene ersten vierzig Ritter nicht allein. Sie erhielten Zuzug von ihresgleichen. Schon quoll der nordfranzösische Normannenstaat von unruhig gärendem Nachwuchs über. So schickte ein Graf von Hauteville zehn Söhne aus seinem kinderreichen Haus. Nicht weniger als fünf von ihnen trugen sich in die Annalen der Weltgeschichte ein: Drogo, Humfried, Roger, Wilhelm Eisenarm und der dämonische Schlaukopf Robert Guiscard, dem kein Geringerer als Heinrich von Kleist in seinem vielleicht bedeutendsten Werk ein Denkmal gesetzt hat. (Daß es unvollendet blieb und von seinem Autor in einem Anfall selbstzerstörerischer Verzweiflung zum größten Teil vernichtet wurde, stimmt zur inneren Maßlosigkeit des historischen Helden.) Sie alle, diese normannischen Freibeuter, wollten das Glück des Südens erproben, die Herrlichkeiten einer üppigen Natur genießen, die immer noch nutzbaren Reste einer zerbrochenen Zivilisation ausbeuten und – nicht zuletzt – sich der Herrschaft über geheimnisvolle Heiligtümer bemächtigen.

Auf dem Sporn des Stiefels Italiens, dem Sperone d'Italia, breitet sich ein buchtenreich ausgezahntes, tiefzerfurchtes klippiges Hochland aus: der Monte Gargano. Über seine Höhen zieht sich viele Kilometer weit die foresta d'umbra, ein prachtvoller Buchenwald. Einzelne Siedlungen hocken wie Horste auf den vorgelagerten Kuppen. Eine davon, über der Bucht von Manfredonia, trägt den Namen Monte Sant'Angelo, Berg des heiligen Engels; gemeint ist der Engel mit dem feurigen Richtschwert, der himmlische Krieger, Erzengel Michael.

Es gibt heilige Orte der Gesetzgebung und Weltregentschaft wie den Sinai oder den Olymp. Es gibt geweihte Stätten, wo sich Prophetie und Weissagung ihre magischen Zellen eingerichtet haben wie Delphi und Delos. Es gibt Orte, über denen die Aura erotischer Wonnen schwebt wie die Gestade von Zypern, und es gibt Plätze, die dem männerbündischen, abenteuerlich-kriegerischen soldatischen Geist zur dauernden Freistatt geworden sind. Ein solcher Platz ist die berühmte Stadtburg Monte Sant'Angelo.

Schon im Altertum haben römische Legionssoldaten hier den lanzenschwingenden Heldengott Mithras verehrt. Im Christentum verwandelte sich Mithras in Michael, die unermüdliche Legende flocht Altes und Neues ineinander. Der Stier, Sinnbild des Mithras, der Fruchtbarkeit und des entsühnenden Rausches, erscheint hier Michael zugeordnet. Dieser Mithras-Michael lockt heute noch jährlich eine Million Wallfahrer an. Hier ist Vergangenheit nie ganz vergangen.

Das Heiligtum liegt unter der Braue des Berges, in einer tiefgehöhlten Felskluft, zu der wir über 85 Stufen hinuntersteigen müssen. Die Grotte ist dunkel, schwärzlich vom Weihrauch und dem Ruß der Kerzen, die Luft ist dumpf vom Atem und den Seufzern der Gläubigen; auf dem Boden stehen Lachen, fallende Tropfen streifen uns, eine Quelle pulst aus dem Fels. Sie soll – wie die Quelle der Castalia in Delphi – als Brunnen der Entsühnung gegolten haben –, und über dem Eingangstor ist eine verräterische Inschrift in den marmornen Türsturz gemeißelt: „Ibi saxa patuntur, ibi peccata dimittuntur; haec est domus specialis, in qua noxialis quae quae actio diluitur. Hier wo der Fels sich auftut, an dieser erlesenen Stätte, werden die Sünden vergeben, wird aufgehoben jedwede schädliche Tat."

Nachdenklich wiederholen wir uns diese Worte: verheißen sie nicht Generalabsolution? Wer du auch seist, Mensch, was du auch getan haben magst, ja, vielleicht noch tun wirst; du bist durch diese Pforte geschritten und damit aller Schuld entledigt, freigesprochen von allen vergangenen und zukünftigen Sünden. Ein schreckliches und gefährliches Versprechen, denn es legt, ernst genommen (und zweifellos wurde es durch ein Jahrtausend bitter ernst genommen), das menschliche Gewissen still, setzt es außer Kraft, ermuntert alle zerstörerischen Triebe, gibt frei zu schrankenloser Tat.

Diese Inschrift macht begreiflich, daß sich hier auf

dem Monte Sant'Angelo jahrhundertelang die Kreuzritterheere sammelten, ehe sie sich einschiffen ließen, um das Heilige Land zu erobern, daß Könige, Kaiser und Päpste gewallfahrtet kamen, ehe sie ihre Kriegszüge starteten, und daß sich auch die Normannen – und sie ganz besonders – in und um dieses Heiligtum drängten. Die Enkel der wilden Wikinger, erst vor kurzem zum Christentum bekehrt, fanden hier ihre eigene Natur bestätigt. Sie glaubten Rechtfertigung zu finden – und vielleicht war es gerade diese „Rechtfertigung" (wir sagen: die fragwürdige Illusion einer Rechtfertigung), die sie binnen kurzem aus einem Haufen Abenteurern, Straßenräubern und Erpressern zu einem geschichtsmächtigen kulturträchtigen Element werden ließ.

Die Wirksamkeit dieses Elements können wir an den Städten Apuliens deutlich wie aus einem Bilderbuch ablesen. In einer dichten Doppelreihe säumen sie die Küste der südlichen Adria: hinter Barletta, Trani, Molfetta und Bari liegen Canosa di Puglia, Andria, Ruvo, Bitonto. Wir pendeln tagelang von Stadt zu Stadt. Eine jede ist Sitz eines Bischofs, und in einer jeden finden wir eine großartige romanische Kathedrale.
Alle diese Kirchen aus Normannen- oder früher Stauferzeit (11., 12. und 13. Jahrhundert) sind miteinander verwandt. In ihnen sind frühchristlich-römische, aber auch byzantinische und französische Einflüsse verarbeitet und von Fall zu Fall

abgewandelt. Eine Stadt wetteiferte mit der anderen, jede wollte den prachtvollsten Dom hervorbringen. Glücklicherweise wurde der Wettstreit nicht grobschlächtig ausgetragen, in wachsenden Dimensionen etwa oder massiertem Dekor, sondern in der immer freieren und vollkommeneren Anwendung der architektonischen Motive, in feinerer Differenzierung und höherer Spiritualität.
Freilich – es bleibt das Besondere und Einmalige dieser apulischen Romanik, daß der Gesamtentwurf, so klar und ausgeläutert er sich geben mag, doch im Beisein und unter deutlicher Mitwirkung einer dunklen, im Magisch-Hintergründigen gebundenen Welt verwirklicht wurde. Fassaden, Tore, Kragsteine, Fensterumrahmungen sind besetzt von ganzen Familien plastischer Gebilde: Vögel, Stiere, Löwen, Affen, Drachen und Schlangen, oft im Kampf miteinander, auch im Kampf mit dem Menschen, steinerne Knäufe aus geballten tierischen Formen, daneben Bandornamente von düsterer Gedrungenheit: eine unerlöste Welt.
Sie befrachtet das harmonische Gesamtkonzept mit erdiger Schwere, archaischer Bindung und Dämonie. So werden Kampf, Mühsal, Furcht und Unerbittlichkeit einer frühen Kultur in den Kosmos des Glaubens eingebracht. Von diesen Gebilden können wir ablesen, aus welchen Tiefen die Natur heraufsteigen mußte, um sich dem Göttlichen dienstbar zu machen, um die Selbstbezähmung zu leisten, die wir – heute – Humanisierung nennen.

Als wir diese Reise antraten, fürchteten wir, daß wir hier im sprichwörtlich verelendeten Mezzogiorno den Folgen der gesamtitalienischen Wirtschaftskrise in geballter Form begegnen würden. Doch diese Zeichen, die sich im hochindustrialisierten und noch vor kurzer Zeit auch hocheffektiven Norden an allen Ecken und Enden aufdrängen, scheinen uns hier irgendwie gemildert. Dort Signale eines deutlichen Verfalls, hier eher nur schattierende Patina.

Im Norden sind täglich heftige Anklagen zu hören gegen den faulen, schlappen und korrupten Süden, der den teuer erkauften gesamtnationalen Aufschwung seit jeher gebremst und zuletzt ganz sabotiert habe, denn der Süden sei dem Norden immer nur wie ein Mühlstein am Halse gehangen und so fort. Aber hier, bei den (angeblich) Schuldigen, herrscht unbefangene Laune. Wo die Bergfahrt nie so steil hinaufgeführt hat, wird die Talfahrt auch nicht so erschreckend empfunden. Der Arbeitslose in Mailand mag düster räsonierend seinen verlorenen Standard betrauern. Der Arbeitslose in Bitonto brät sich das gewilderte Kaninchen an offenem Feuer und streckt sich wohlig gähnend auf seiner zerfetzten Decke aus. Solange er seine geliebte Televisione besitzt, solange ihm nicht das Dach seiner Hütte auf den Kopf fällt, solange ihm die Sonne durch Olivenzweige und Reben scheint, verliert er seine Gelassenheit nicht. Er lächelt.

Wir bemerken: Es wird wenig gebettelt, und wenn,

dann von Kindern; doch sie verlangen nach Kaugummi und gelato, nicht nach Brot. Nur wenige Menschen gehen in Lumpen. Offensichtlich ist das allgemeine Bemühen, im Hause, im engsten Lebensbereich sauberzuhalten; am Samstag nachmittags sieht man die Frauen mit Besen und Schrubbern hantieren, der weiße Seifenschaum schwappt aus den Eimern. Zwar wird der Abfall vielfach noch immer einfach aus dem Hause gekehrt und auf die Straße geworfen, immerhin ist er eher nur häßlich, nicht ekelerregend, besteht vor allem aus Papier, Plastikhüllen und zerbrochenem Hausrat: Wegwurf immer noch, wie es scheint, reichlich erfolgten Konsums.

Die Hotels sind anständig gehalten, sogar die bescheideneren Herbergen gut benützbar; das Wasser reichlich. Allerdings hat der Sommer eben erst begonnen. Im Herbst, wenn die Saison zu Ende geht und ehe der erste Regen wiederkehrt, mag es schon anders aussehen. Auch die Strände, die wir noch unbenutzt vorfinden, blaßgolden glänzende Sandbänke an leuchtend klaren Buchten, mögen, wenn sich die hochsommerlichen Touristenfluten über sie weggewälzt haben, einen ernüchternden Anblick bieten. Wir genießen die Gunst der Jahreszeit.

Trotzdem können wir nicht übersehen, daß sich die Szene in der Nähe der großen Hafenstädte, Brindisi und Taranto, schon bösartiger ausnimmt. Da steht manche Fabrik still. Haltung und Miene der jungen Leute, die uns auf unseren

Spaziergängen auf brüllenden Motorrädern umkreisen, lassen keine guten Absichten ahnen.
Über den großen Werken bei Foggia und Manfredonia stehen in giftig grünlichen und lila Schwaden ungeheure Rauchgebirge und qualmen die Landschaft ein.

Wundervoll sind die Altstädte, Vieste zum Beispiel am Testa del Gargano, eine ins Meer hinausgelagerte Klippe, dicht gestiftelt mit kleinen weißen Häuschen, oder die bunte Altstadt von Bari. Bilden diese Gassen mit ihren Arkaden, Höfen, Durchhäusern und Balkons eigentlich noch eine Siedlung in unserem Sinn, sind sie nicht vielmehr eine Ansammlung roter, grüner, blauer Volieren, in denen die Menschen hausen wie Vögel, durcheinanderflatternd, zwitschernd und singend? Jeder kennt jeden, lebt mit jedem, das Gewebe tausendfältiger Beziehungen umschließt das Ganze wie ein Zelt. Hier kann niemand unter Kontaktarmut leiden. Hier findet – auch unter Analphabeten – eine Hohe Schule der Gemeinsamkeit statt.
Selten begegnen wir einem ausländischen Wagen. Manchmal sind wir stundenlang unterwegs, ehe ein Deutscher, ein Franzose, ein Engländer auftaucht. Dafür wimmelt es von den kleinen Fiats der Italiener. Sie werden mit Geschick gesteuert, vor allem in den Städten werden wahre Wunder an lenkerischer Akribie vollbracht. Jeder einzelne Fußgänger wird fast genüßlich virtuos umfahren,

es geht dabei um Zentimeter. Doch man fühlt sich nie bedroht.
An dem Verhalten im Verkehr zeigt sich eine Urbanität, die Jahrtausende alt ist, vielleicht in einer Spielart, die typisch ist für den mediterranen Raum: man hat gelernt, sich in der Enge zu vertragen. Das gelegentliche Ungeschick des Fremden wird mit Freundlichkeit übersehen, und wenn er einmal wirklich im Wege steht, weicht man lieber selbst aus, als ihn zum Ausweichen zu zwingen.

Gestern sind wir, ein einsames Vierer-Grüppchen, durch das blumige Ruinenfeld von Cannae gestolpert, heute wollen wir nach Castel del Monte.
Ja, Castel del Monte, das muß es sein, wir sehen es bereits seit Tagen, immer wieder taucht auf unseren Fahrten vor uns auf: ein fester Punkt, zu dem sich der Horizont jeweils in flacher Schräge hinanzieht, ein ruhender Pol in der weithin wogenden Landschaft, ein Omphalos, ein Nabelstein zwischen Himmel und Erde. Zu ihm steigt das Land auf. Er sammelt es um sich. Von ihm aus muß dieses ganze Nordapulien zu überblicken sein wie ein ungeheures Exerzierfeld. Von dort versuchte Friedrich II. sein „Weltreich“ zu regieren.
Kein Herrscher des Mittelalters – abgesehen vielleicht von Karl dem Großen – hat die Phantasie seiner Mit- und Nachwelt so beschäftigt wie dieser späte Hohenstaufe. Ruht auf Karl das Licht eines höchst geschichtsträchtigen und lebensmächtigen

Anfangs, so umspielt Friedrich der schillernde Glanz eines in viele Triumphe gehüllten, doch um so gnadeloseren Untergangs. Früh verwaist und eigentlich schon vergessen, wurde er nach einer verwilderten und verwahrlosten Kindheit durch einen reinen Zufall der politischen Konstellation als kaum Sechzehnjähriger zur höchstmöglichen Stellung, zur Kaiserwürde, hinaufkatapultiert.
In Deutschland begnügte er sich wie im Spiel zu siegen: alles versprechend, verschenkend, verschleudernd. Um so zielbewußter – raubvogelhaft – griff er hier in Süditalien, in seinem normannischen Erbe, zu. Er zerriß das zähe und klebrige Schlingwerk des Feudalismus und erbaute den ersten modernen, straff gegliederten Staat. Er wollte nicht nur Weltbeherrscher, er wollte Welterlöser sein, Weltkonstrukteur und – dionysischer Märchenkönig zugleich. Darum umgab er sich mit einem phantastischen Hofstaat, Sarazenen, Mohren und einem Aufgebot exotischer Tiere, Elefanten, Löwen, Leoparden, Kamelen, Adlern und Falken, als sei die Bilderwelt der normannischen Dome rings um ihn lebendig geworden.
Dieser Kaiser gründete allerdings keine Kirchen mehr wie seine so viel barbarischeren Vorfahren. Er baute Staatskastelle – und das Wichtigste unter ihnen, sein eigener Entwurf, sein ureigenstes Werk: Castel del Monte.
Wir nähern uns. Wuchtig wächst es vor uns empor, ein regelmäßiges Achteck aus rötlichen Mauern, an

jeder Ecke ein gleich hoher, ebenfalls achteckiger Turm. Das Ganze: gedrungen, gleichmäßig, äußerst kompakt. Wir wissen, dieser Bau ist weltberühmt. Er wird auch heute noch von den Fachleuten als Meisterstück gepriesen, das keinerlei Vorgänger hatte: eine geometrische Idee, die sich vollständig und ohne Rest in Architektur umgesetzt hat. Aber – ist Geometrie dazu da, sich in Architektur zu verwandeln? Ist Architektur dazu da, Geometrie umzusetzen?

Wir treten ein. Innen ein achteckiger Hof und rundherum acht trapezförmige hohe, dunkle oder doch schlecht belichtete Gewölbe. Desgleichen im ersten Stock. Enge Wendeltreppen in den Türmen. Irgendeine dieser steinernen Zellen war der Thronsaal des Kaisers, eine andere sein Schlafgemach, eine dritte mußte als Küche gedient haben – die Architektur verrät es nicht. Sie bekennt sich zu keiner Funktion. Sie ist eben nichts weiter als – Geometrie. Wir sind enttäuscht. Das Schematische dieses Baues erschreckt uns. Es stößt uns ab. Herrliche Details können nicht darüber hinwegtäuschen: Hier hat ein kaiserlicher Laie geträumt, gespielt und einer hybriden Laune zur Realität verholfen.

In unserem Kunstführer steht: Der Bau von Castel del Monte habe leider keinerlei Nachfolge gezeitigt. Leider? Uns scheint das nur logisch. Auch Friedrich II. hatte keine Nachfolge. Seine Söhne starben vor ihm oder wurden bald nach seinem Tod getötet oder gefangengesetzt. Seine Enkel

fielen entweder durch Henkershand oder wurden schon als kleine Kinder in Ketten gelegt und verkümmerten zu armen Kretins in finsteren Verliesen. Deutschland hat sie nicht einmal betrauert.
Man sagt uns: Castel del Monte diente durch Jahrhunderte als Staatsgefängnis. Wir glauben es gerne. Der Mann, der es erbaute, war selbst ein Gefangener, Gefangener seiner eigenen Maßlosigkeit, seines eigenen manieristisch übersteigerten Weltentwurfs.

Als letzte Station unserer Apulienreise haben wir Alberobello gewählt, die Gegend der Trulli: ein heiteres Finale nach so viel Düsternis.
Schon lange vor Alberobello, der berühmten Trullistadt, ist die Landschaft übersät mit den kleinen, runden Häuschen unter spitzen Kegeldächern, weiß, wie aus Schlagrahm gespritzt und hingetupft in Felder und Gärten. Da und dort steht eines allein, aber meist sind sie zu zweit, zu dritt, viert, fünft – bis zu neun Trulli können wir zählen in einem Verband. Da ist ein Trullo zum Wohnen, einer zum Schlafen, einer für die Kinder, einer für Schafe und Hühner, einer für die Nonna, einer für Gerät und Gerümpel. So steht schon ein ganzes Trullirudel beisammen, bewohnt von einem Trullikapitalisten.
Die Häuschen sind ganz aus Stein gebaut. Ursprünglich waren sie nicht gemörtelt, jetzt sind sie vielfach gekalkt, sogar das steinerne Dach ist manchmal mit weißem Verputz überzogen. Die

runden Innenräume, zwei bis höchstens vier Meter im Durchmesser, laufen nach oben in einer Art Kuppel zu.
In Alberobello bilden 4000 Trulli eine Stadt mit Straßen und Plätzen. Eine solche städtische Behausung ist immer noch ein sehr begehrter Besitz. Wir kamen mit einem Ehepaar ins Gespräch: Beide hatten mehr als zwei Jahre in Hamburg gearbeitet, um sich dann daheim in Alberobello anzukaufen. Stolz zeigten sie uns ihr Heim, drei Trullihäuschen, eng zusammengedrückt, man schlüpft durch winzige Türen von Raum zu Raum, alles war reinlich und nett gehalten.
Welchen Ursprung die Trulli haben, auf welches Muster sie zurückgehen, kann man mit Sicherheit nicht bestimmen. Man denkt an afrikanische Beispiele, an Traditionen, die bis in die Bronzezeit zurückreichen, vielleicht auch an die Nuraghen in Sardinien, obwohl diese viel größer sind und einem ganz anderen Zweck dienen. Die Nuraghen sind Wachttürme, Befestigungen.
Die Trulli sind friedliche Behausungen einfachen Lebens. Wer sie zum erstenmal sieht, denkt an Zwergenwohnungen, an Zauber- und Märchenland. Die Intimität der Formen, ihre Ursprünglichkeit, Wärme und Handlichkeit wirken erheiternd. Man fühlt sich selbst zurückgenommen in uralte bergende Schichten, ehe Gesetz und Geschichte, ehe der rechte Winkel und die strenge Ordnung der Ratio erfunden waren.
Hier möchte man bleiben.

Im Revier der Wölfin

Sieben Wochen in Rom: ist das genug, um über diese Stadt zu berichten? Mit ihr ist keine andere Stadt in Europa vergleichbar, sie ist weit mehr als eine Metropole, sie ist eine Landschaft, ich möchte sagen: ein Kontinent; ein Kontinent in des Wortes genauer Bedeutung, das heißt: ein Zusammenhängendes, Dauerndes, Kontinuiertes. Sie reicht bis Wien, Madrid, Washington, Melbourne, Moskau liebt es, selbst ein drittes Rom genannt zu werden. Sie reicht aber auch in die Tiefe der Zeiten, bis an die Schwelle der Zivilisation. Genau das tut sie: *Kulturen* gab es auch vor Rom, auch auf europäischem Boden, in Kreta, Griechenland, sogar in Italien, in nächster Nähe, Veji, Cerveteri, Tarquinia. Aber was wir *Zivilisation* nennen, das wurde in Rom geboren.

Dabei begann es der Sage nach nicht weniger mythisch als anderswo: mit der gesetzesbrecherischen Leidenschaft eines Gottes für ein Menschenmädchen. Rea Silvia war als Vestalin der Jungfräulichkeit geweiht. Was kümmerte das den Kriegsgott Mars? Er umarmte sie und zeugte zwei Knaben, Remus und Romulus. Sofort folgte die Strafe an Rea, sie wurde im Tiber ertränkt, die Kinder im Tiber ausgesetzt, sie schienen bereits verloren. Aber da bricht die Wölfin, das Ungeheuer aus Waldesdickicht und Höhlendämmerung, hervor, die etruskische Wölfin aus den Albanerbergen, die schnürt herbei mit glühenden Lichtern und entblößtem Gebiß, das Ufer des Flusses entlang.

Wehe den Kindern ... doch nein. Sie ist nicht auf Suche nach Beute, und nicht der Hunger treibt sie herbei. Unter den schwärzlichen Flanken, aus dem fahlen Bauchfell stechen die harten, milchüberfüllten Zitzen hervor. Die Wölfin ist Mutter, aber sie hat ihre Wolfskinder verloren – (wer hat sie ihr genommen?) –, der Schmerz treibt sie umher und das unbewußte wilde Verlangen nach saugenden Mündern. Und so findet sie die Kinder und winselt erleichtert auf, da sich die Hungrigen an ihre Zitzen hängen.
So wird die Bestie zur Mutter der Brüder, Menschenmutter, Männermutter, sie füllt sie mit Wolfsmilch, Wolfsmut, Wolfskraft, Wolfslist. Sie wird zur wahren Mutter Roms. Noch heute steht ihr Bild in Bronze gegossen auf dem Capitol, eine etruskische Arbeit von höchstem Rang, eines der großartigsten Tiermonumente. Die Wölfin hebt den Kopf, witternd und gleichsam geblendet in visionärer Blindheit, denn ihr Blick (nichts weiter als der Blick einer wilden, leidenden Kreatur) scheint die Ferne der Jahrtausende zu durchdringen, und die Spannung, die ihre hageren, ausgemergelten Flanken beben läßt, ist die Spannung vor dem Sprung in die Ferne, von Latium über Campagna und Samnium und ganz Italien von Meer zu Meer, von Sizilien bis zu den Alpen und immer weiter, nach Gallien und Dalmatien, Hellas und Afrika, Ägypten und Britannien, den ganzen damals bekannten Erdkreis umrundend.
Hier war es, am Westhang des Palatin, wo die

Milchsöhne der Wölfin die Stadt gründeten – heute eine Gartenterrasse, von Eichengebüsch bestanden, ruinenbesetzt, und drüben am Capitol, dazwischen das Forum, ein Streifen ehemals sumpfiger Weide, wo die Cloaca maxima göttliche Ehren genoß, Zentrum eines Imperiums – warum hier, frage ich mich, wieso dieser Platz, gerade dieser – woran kann es gelegen haben, daß er zum Angelpunkt wurde für zwei und ein halbes Jahrtausend?

Wie immer in solchen Fällen liegt es an der primären Situation. Ich denke: frühe Zeit, Jägerland, Hirtenland, spärlich bebaut. Hier der Hügel: Palatin. Unten der Fluß, und im Fluß eine Insel, die Tiberina. Damals vielleicht noch andere Inseln, um die sich der Fluß verzweigte. So wird das Wasser flach und bildet eine Furt. Sie ist der funktionale Punkt. Denn wer die ligurische Küste herunterzieht und weiter südwärts will, muß irgendwo über den Tiber. Ausweichen hinter das Flußbett, hinauf in die Berge: undenkbar. Also bequemt man sich hier zur Furt. Später zur Brücke. Das wußten die Hirtenkrieger am Palatin und lagen auf der Lauer. Sie nahmen Zoll, sie ließen nur hinüber, wer ihnen Vorteil brachte, Vorteil, Anteil und damit Herrschaft. Herrschaft in wachsenden Ringen. Wie schon gesagt: über Latium, Campanien, Italien, von Meer zu Meer.

Aber in dem ganzen Vorgang, dem jahrhundertelangen, bleibt das Bild der überwachten Furt als Grundfigur, als Model stehen. Wie zuerst nur eine Handvoll hartköpfiger und hartgesottener Wegelagerer den Übergang über einen mittleren Fluß überwachte, überwachte später ein Volk den Engpaß Mittelitalien als Binde und Brückenstück zwischen Nord und Süd, überwachte später das Kernland eines Imperiums alles, was sich in diesem Imperium bewegte; als mittlere der drei großen Halbinseln Südeuropas kontrolliert Italien das ganze Mittelmeer. Alles, was vom Osten in den Westen will und umgekehrt, passiert den Filter Rom. Da ist keine Ware, die dem Umschlagplatz Rom entgeht, nicht erst hier ausprobiert und in ihrem kommerziellen und zivilisatorischen Stellenwert bestimmt wird. Kulturen, Religionen, geistiges Grundgut der Menschheit läuft durch die Zollstation an der Tiberina. Der Austausch der Sitten, Meinungen, Moden zwischen Euphrat und Tigris und den Säulen des Hercules erfolgt auf dem Großmarktplatz Rom, die Strahlungskraft griechischen Geistes wird hier römisch, d. h. nach römischer ratio verarbeitet und handlich verpackt, weitergegeben, auch das Christentum muß sich hier seine weltgeschichtliche Berufung erkaufen, und wenn der Papst heute noch von seiner Loggia am Petersplatz den großen Segen spendet, dann heißt das der Segen urbi et orbi, zuerst der Stadt und dann dem Erdkreis, über die Stadt dem Erdkreis und von der Stadt ausstrahlend über den Erdkreis, global. Der Vorgang hat eine geradezu geometrische Logik. Euklid im Revier der Wölfin.

Sieben Wochen in Rom, ich sagte es schon, und täglich auf dem Weg, viele Stunden lang. Aber der erste Vormittag auf der Piazza del Popolo war nicht zu überholen.

Wir waren spät am Abend angekommen. Am Morgen fuhren wir auf den Pincio. Dort auf der Aussichtsterrasse beugten wir uns über die Balustrade wie Architekten über einen Grundriß und lasen die längst bekannten Silhouetten vom Horizont der Stadtlandschaft: St. Peter, Engelsburg, Pantheon. Knapp unter uns die herrliche Rosette eines Platzes, Piazza del Popolo, genau so groß wie es seiner Würde entspricht – und um keinen Meter weiter ausgreifend, als es seine Konzentration erlaubt. Später sind wir dann unten, selbst in oder auf dieser Rosette, sitzen auf den Stufen vor dem Obelisk, durchschreiten die Porta Flaminia; in der Kirche Sta. Maria del Popolo sehen wir die Vorbereitungen zur Karfreitagsliturgie ... Jenseits des Platzes die beiden fast spiegelgleichen betürmten Kuppelkirchen Santa Maria dei Miracoli und Montesanto, die das Oval des Platzes in ihren Ovalformen nachspielen, zwischen und neben ihnen öffnen sich die Via Babuino, der Corso und die Ripetta, drei Gassenschluchten, in denen der Verkehr tobt und die schnurgerade den Körper der Stadt in Richtung Quirinal, Capitol und Herzstück des alten Marsfelds durchschneiden. Zur einen Seite der Tiber, zur anderen der Hang des Pincio aufgemauert, abgestützt, von Rampen, Straßen, Treppen, Nischen in eine prunkvolle Architektur verwandelt. Ein Brunnen wirft Kaskadengischt. Den Obelisk in der Mitte des Platzes hat Ramses der Zweite in Auftrag gegeben. Augustus hat ihn nach Rom gebracht, Sixtus V. hat ihn hier aufstellen lassen. So hat er den Platz des Volkes geehrt.

Inschriften. Inschriften auf dem Sockel des Obelisk, Inschriften an der Porta del Popolo, Inschriften an den Kirchen, in den Kirchen in Stein, Bronze, Mosaik, Inschriften überall. Plötzlich weiß ich: das ist Rom. Das ist die Stadt, in der aufgeschrieben, in der eingeschrieben wurde, in der man *auf*-zuschreiben begann. Aufgeschrieben: das ist festgestellt, festgemacht gegen den Wellenschlag der Zeit, gegen Vergessen, Tod und Vergänglichkeit. Hier hatte der Mythos ein Ende.

Der Mythos ist anders. Zwar – er erinnert auch, doch er spinnt an Erinnerungen fort, damit bleibt Erinnertes lebendig, veränderlich, verwandelbar. Mythos deutet, wächst zu, nimmt ab. Mythos ist Leben. Aber Leben in dieser Form – als Veränderbares – wurde hier in Rom nicht geduldet. Darum die Inschrift. Bezeugung. SENATUS POPULUSQUE ROMANUS, an jeder Ecke, in jedem Winkel, sogar in die Kanalgitter eingeprägt. Das heißt: Wir haben getan, erbaut, erneuert, wir haben gegründet und Gründe gehabt. Wir haben auf Gründen Recht gegründet.

Wir: das ist Rom: das sind seine großen Männer. Augustus, Severus, Diocletian – und später die Päpste, CAESAR, PRINCEPS, PONTIFEX, Kaiser, Fürst, Oberster Priester – und immer mit Superlativ:

SUMMUS, OPTIMUS, MAXIMUS. Das versteht sich von selbst, hier in Rom.

Auf sieben Hügeln ist Rom erbaut. So heißt es. Unterdessen sind es sicherlich siebzehn Hügel geworden. Aber sie haben alle etwas gemeinsam: sie sind, wie der Hang des Pincio hier über der Piazza del Popolo, zu Architekturen geworden. Was Weinberg war, Garten oder Ziegenweide, verfestigte sich in Mauern, staffelte sich in Rampen, Terrassen, höhlte sich in Loggien und in den Grotten der Nymphäen. Den ungeheuren Pfeilerbauten der Severianischen Thermen oblag es, den palatinischen Hügel fortzuführen und mit einer Zone des Spiels, des Vergnügens, der Repräsentation prunkvoll zu tarnen, während sich am Fuß des capitolinischen Felsens die mamertinischen Kerkerhöhlen öffneten: die dunkle Schlucht der Todgeweihten.

Auch das moderne Rom spielt den gemauerten Hang aus: die kühn getürmte Mauer umkleidet den gewachsenen Fels. Der Tunnel stößt unter den Hügeln durch. In den steinernen Röhren ballt sich der Lärm zu unaufhörlichem, nie verstummendem Brüllen. Kein Schrei kommt dagegen auf.

Piazza Navona: dieser Platz hat zu sich zurückgefunden, nachdem er für den Verkehr gesperrt wurde. Die macchina, die „Maschine" ist verboten, der Mensch zurückgekommen: in frei flutenden Schwärmen tummeln sich die Touristen und das Volk von Rom auf dem langgestreckten Platz, der mit drei prachtvollen Brunnen geschmückt ist, deren mittlerer, jener von Bernini, die vier Erdströme feiert. Man hatte den Platz zeitweise überflutet, um Schiffsparaden und carnevalistische Seegefechte abzuhalten. Rom liebt seine Brunnen und trägt seine reichliche Wasserversorgung stolz zur Schau. Auch damit war ihm das bergige Hinterland dienstbar: wer über Wasser verfügt, verfügt über Macht.

Aber was heißt heute: Macht – in einer Stadt, die nahe daran ist, an ihren Funktionen zu scheitern. Der größte Hundertsatz ihrer Energien setzt sich um in Mobilität. Das Netz ihrer Transportwege ächzt unter dem Überdruck. Zu jeder Stoßzeit setzen an denselben Punkten dieselben Embolien ein. Wie Riesenpfropfen stecken die Pulks der Autos in den Verkehrsadern. Das Gift der Abgase dringt durch jede Ritze und mischt sich mit dem Modergeruch der Jahrhunderte. Rom ist eine der lautesten Städte der Welt, dabei eine der trägsten. Es arbeitet wenig. Es verwaltet, streicht ein, genießt. Aber gerade diese Tätigkeiten erfüllen es mit Lärm und Gift. Es liefert sich seit neuestem auch blutige Straßenschlachten. Das Fell der Wölfin scheint räudig. Ihre Flanken fliegen von keuchenden Atemzügen. Aber sie lag schon oft krank auf den Tod. Und sie ist nicht gestorben.

Sag mir, was ist gut?

1

Die Definition des Menschen scheiterte bisher daran, daß der Mensch als urteilendes Subjekt sich selbst nicht in ausreichendem Maße zum Objekt machen konnte. L'homme se surpasse infiniment, sagte Pascal, der Mensch überschreitet sich selbst um ein Unendliches, und er hat recht.

Aber es gibt auch andere menschheitliche Phänomene, die sich einer Definition beharrlich entziehen. Zu diesen Phänomenen gehört „das Schöne", zu diesen Phänomenen gehört auch die Kunst. Sie verhält sich ihren Beurteilern gegenüber wie der Igel im Märchen: glaubt man, sie endlich überholt und eingefangen zu haben, meldet sie sich triumphierend aus neuer unvermuteter Position: Da bin ich. Das wettlaufende Urteil kommt immer zu spät.

Trotzdem wird die Frage nie in uns verstummen, was es mit der Kunst auf sich hat. Können wir Kunst nicht definieren, d. h. begrifflich eingrenzen, so können wir sie doch immer wieder beschreiben. Vielleicht führt uns das weiter, vielleicht läßt uns das neue Aspekte gewinnen.

2

Das historische Selbstverständnis des Menschen kommt ohne Kunst nicht aus. Das mag daran liegen, daß sich uns die (ferne) Vergangenheit am einprägsamsten durch das jeweils zeitgenössische Kunstwerk präsentiert. Wenn wir Spätes Mittelalter denken, denken wir zugleich Gotik. Wenn wir Griechenland denken, denken wir zugleich Tempel und Götterbilder. Ist von Altamerika die Rede, tauchen uns sogleich die großartig-düsteren Kultstätten der Inka und Maya auf, bei der Erwähnung von Altchina fallen uns Pagoden, Bronzen, Kaiserpaläste ein, Kunst also immer und überall; und wo einmal keine Kunst war, keine sich bilden konnte, bleibt unsere Vorstellung vom Gewesenen schwach, flach und farblos, sie entfaltet sich kaum zum Interesse.

Daneben könnte sich uns allerdings die ungeduldige Frage aufdrängen, *was* denn den Menschen veranlaßt habe, so viel Kunst zu erzeugen, statt seine anderen, drängend vitalen Interessen wahrzunehmen. Warum baut man Pyramiden, Zikkurate, Kolosse, an denen Tausende Sklaven schuften müssen, während es zu gleicher Zeit an Nahrung, Sicherheit und Wohlbefinden mangelt? Warum führt man Kriege und bringt einander auf das entsetzlichste um, nur um Gold und Elfenbein zu erhalten und Gold und Elfenbein zu Götterbildern umzuformen?

Wozu erbaut man Dome, wenn die meisten Menschen daneben in finsteren, nassen, stinkenden Löchern hausen? Was bewundert man an den langen Lügengeschichten, Dichtung geheißen, an denen eingestandenermaßen kein Wörtchen Wahrheit ist, wozu überliefert man sie von Generation

zu Generation, schreibt sie ab, trägt sie vor, deutet sie aus? Warum gerät man in Entzücken, wenn ein bestimmter rhythmisierter Lärm mittels fein erklügelter Instrumente vollführt wird, Musik genannt? Und was soll vor allem diese unbändige Lust am Ornament, das in milliardenfacher Ausführung in Stein gehauen, in Holz geschnitzt, in Metall getrieben, das gewoben, gestickt, gepreßt, geätzt beinah jeden Gegenstand des Gebrauchs bedeckt und in knechtischer Arbeit bei elendem Lohn wieder und wieder reproduziert werden muß? Ist da nicht eine, wie Adolf Loos meinte, letzten Endes krankhafte, ja, verbrecherische Sucht am Werk?
Also: Kunst als Ärgernis. Auch diese Position hat gute Gründe. Aber fragen wir weiter!

3

Nehmen wir die Menschheitsgeschichte als Ganzes, so muß uns auffallen, daß Kunst zumeist im Dienst, im Schatten, in der Nachfolge der Religion (oder Magie) auftritt. Diese Koppelung muß ihre tiefsitzenden Gründe haben. Fast alle Religionen haben die Frage nach dem Woher dieser Welt mit dem Glauben an einen schöpferischen Weltgeist, an einen Ur-Bildner beantwortet: durch ihn sei die Welt geworden, er habe sie aus einem Urstoff oder gar ex nihilo gemacht. Der Mensch suchte Beziehung zu diesem Weltgeist, und da er selbst

seine Umwelt zu verändern, zu gestalten begonnen hatte, fühlte er sich in Nachfolge des Gottes zur Nachgestaltung legitimiert, ja verpflichtet.
Es geschah etwa, was sich im Spiel des Kindes immer wieder ereignet: Das Kind ahmt das Tun des Vaters nach. Es wiederholt in seinem Spielwinkel, in seinem Sandkasten, was es seine Eltern tun sieht. Das Bauernkind spielt „Bauernhof", das Kind des Handwerkers spielt „In der Werkstatt". Ist die Welt des Vaters bereits eine technische Welt geworden, wird das Spiel von technischen Apparaturen bestimmt. Das Kind befolgt im Als-ob des Spiels die Regeln, die es den Vater befolgen sieht.
Dasselbe natürlich beim Mädchen im Hinblick auf die Mutter. Nachahmung wird zum Mittun. Der kleine Mitschöpfer ist da. Stolz und freudig zeigt er sein Werk, erwartet Lob, vielleicht sogar Belohnung. Schon darf er hoffen, Vater und Mutter als Partner zur Seite zu treten. Einverständnis tritt ein, Nähe, Liebe, Identifikation. Dürfen wir sagen: Kindliches Glück? – Ich glaube, wir dürfen.
Vergleichen wir diesen Vorgang der Nachahmung, Mitgestaltung, Mitschöpfung mit den Kunstbemühungen früherer Kulturen, so sehen wir diese in der Tat eng fixiert an den religiösen Kontext.
Der primitive Jäger oder Hirte, der an den heiligen Ort, an die heilige Quelle, an die heilige Höhle eilt, um reiche Beute oder Fruchtbarkeit seiner Herden zu erflehen, was kann er Besseres

mitbringen als Weihegabe als das Bild dessen, was er erfleht? – das Beutetier aus Ton geknetet oder das Schäfchen aus Stein. Nachahmung dessen, was er benötigt, und wovon er glaubt, daß es dem Gott oder der himmlischen Macht in reicher Fülle zur Verfügung steht. So ist die Weihegabe eine Art Bindeglied zwischen Erfahrenem und Erwünschtem. Mit dem Werk seiner Hand, mit diesem qui pro quo, spricht der Mensch den Reichtum des Daseins, die schenkende Macht der Erneuerung an. So tritt er als Nachahmer an die Seite des Gottes, so wird er zum Mitgestalter der Welt.
Derselbe Vorgang ins Monumentale erweitert: im babylonischen Tempelturm, im Zikkurat, instrumentiert sich nicht mehr nur ein privates Anliegen. Hier will ja auch nicht nur ein einzelner Segen und Wohlergehen erbitten, hier tritt bereits ein ganzes Volk, ein Staat mit einem weltumfassenden und dauernden Anliegen auf. Die Bedingung seiner eigenen Kontinuität, die Ordnung des Kosmos, der Natur, der Jahreszeit, wird im architektonischen Symbol angesprochen, nachgeahmt und damit magisch stabilisiert.
Mittels des Werkes, der Harmonie seiner Verhältnisse, der Hierarchie seiner Teile wird um Konsens angesprochen von Erd- und Himmelskräften, Konsens also des Weltgeistes: so wird um Heil gerungen. Kunst als symbolische Mitschöpfung zum Zwecke des Heils legitimiert höchste Anstrengungen.
Dasselbe – in Abwandlungen – im mediterranen

und im abendländischen Bereich. Die Kunst wird – neben Opfer und Gebet – zum meistgebrauchten Vehikel der Verständigung mit dem Numinosen; unaufhörlich wiederholt sie Verheißungs- und Erlösungsmotive: sie erinnert den Kampf der Götter gegen die Giganten, der Heroen gegen Ungeheuer und beruft sich auf den Sieg des Lichts; im christlichen Raum werden die Figuren der Heilsverheißung und Erlösung, der Bergung dieser Welt vor den Mächten des Bösen unaufhörlich wiederholt. Sprache und Musik stimmen mit ihren Mitteln ein.

Ein tiefsinniges System semiotischer Zeichen wird entwickelt, ihre Abstimmung aufeinander: Chiffre für die Harmonia mundi.

So versucht der Mensch – immer noch Kind im Sandkasten –, sich dem göttlichen Vater angenehm zu machen, nicht zuletzt um immer neues moralisches Versagen zu kompensieren, um Schuldgefühle abzutragen und verdiente Strafen abzuwehren. Als Mitschöpfer darf er immer wieder, wenn auch in gehörigem Abstand zu seinem Schöpfervorbild, Vater, König, Richter, das Glück der Nachahmung, der Nachfolge, der Kommunion, der Identifikation erleben.

Freilich: dabei bleibt es nicht, denn der Prozeß schreitet fort – genau wie beim spielenden Kind, das sich auch nicht immer nur mit der Nachahmung zufriedengeben wird. Fühlt sich das Kind überfordert oder verlassen oder sonstwie „frustriert" – oder setzt es sich zu autistischem Selbstgenuß ab, irgend etwas leitet den Umschwung ein. Aus der *Mitschöpfung wird Gegenschöpfung.* Sei es, daß der allzu perfekte Virtuose den Volten der eigenen Geschicklichkeit verfällt, sei es, daß die sensualistische Reizsituation des (immer vorhandenen) Außergewöhnlichen und Abnormen dazu verführt, sich auf das Absurde und Perverse zu spezialisieren: es entsteht Manier, es entsteht Manierismus.

Der Manierismus ist, wir wissen es, uralt. Er meldet sich schon in der ägyptischen Kultur an, zeigt in Kreta seine erste Blüte, er dominiert die späte Antike, kommt in der Renaissance zu hohen Ehren, treibt sein Wesen durch das 19. und hat sich das 20. Jahrhundert auf breiter Front erobert; hier wird er denn als Gegenschöpfung, als aufmüpfige, bittere, verzweifelte und hochmütige Absage an Gott, Weltgeist und Harmonia mundi aufs deutlichste formuliert.

In summa: Die Bereitschaft zur Gegenschöpfung zieht sich wie ein dunkleres, doch immer gegenwärtiges, grotesk gezacktes Schattenband neben dem Strom der Mit-Schöpfung durch die Jahrtausende. *Aber immer geht es doch um Weltentwurf:* selbst im bescheidensten Zeugnis, im beschränkten Thema schwingt er mit, wird als eine Art Hintergrundstrahlung sichtbar, fühlbar, erahnbar. Darin besteht die Qualität des Kunstwerks – genauer gesagt: *eine* seiner Qualitäten, daß es unseren Anspruch auf Totalität mit dem Angebot eines Weltentwurfs abdeckt: je gegründeter dieser Weltentwurf ist und je sinnfälliger er vorgetragen wird, desto tiefer wird der Eindruck sein, den das Kunstwerk hervorruft.

4

Soweit ein erster Versuch, Kunst zu beschreiben. Er bewegte sich im Historischen, Kunsthistorischen und (soweit möglich) in objektiven Zusammenhängen. Nun aber ist Kunst auch eine Sache des Subjekts, eine Sache der Person, des Künstlers und seiner Lebensgeschichte.

Sofern wir über Künstlerbiographien unterrichtet sind, wird uns kaum ein Fall vorkommen, daß ein Künstler von späterem Rang in seiner Jugend zur Kunst gezwungen worden wäre. Im Gegenteil: die meisten drängten auch unter widrigen Umständen hinzu, sie waren von einem übermächtigen Impuls getrieben. Kunst wurde von ihnen mindestens augenblicksweise als unverzichtbare Lust empfunden, sogar als höchste Lust und dauernder Heilsgewinn.

Schon Aristoteles hat diese Wirkung der Kunst erkannt und klassisch formuliert. Er traute ihr Läuterung, Genesung, *Katharsis*, moderner ausgedrückt Sublimation zu, einen Vorgang, der sich immer wieder und ganz deutlich in den verschiedensten Formen in den Lebensläufen der Künstler darstellt. Wir sprechen dann davon, daß sich der Schriftsteller von einem schweren Problem „freigeschrieben“, daß sich ein Maler von einer quälenden Konfliktsituation „freigemalt“, daß sich ein Musiker „freikomponiert“ habe.

Beispiele? Wir kennen sie alle.

Goethe hat seine Schuldgefühle gegenüber Friederike Brion an seine Gretchentragödie abgetragen, Beethoven die Qualen seiner Ertaubung in die so schwer deutbare Sonate 110 transponiert, Tolstoi seiner labil schwankenden, von tausend Gegensätzen zerrissenen Natur die strenge und immer strengere Moralität seiner epischen Thematik abgerungen, und schließlich haben wir vor gar nicht langer Zeit innerhalb der österreichischen Literatur geradezu ein Paradebeispiel eines solchen persönlichen Kompensationsversuches zu notieren gehabt: Handkes „Wunschloses Unglück“ nach dem Freitod der Mutter.

So könnte man sagen: Es dürfte kaum je ein Kunstwerk von Bedeutung geschaffen worden sein, ohne daß die ganze Person des Künstlers mit ins Spiel kam. Person heißt aber keineswegs nur bewußte Person, sondern heißt auch Unbewußtes, Unterbewußtes und der geheimnisvolle Haushalt zwischen diesen Schichten. Es geht ja immer ein Austausch vor sich: die Psychoanalyse hat uns dazu befähigt, einige dieser Stränge und Kommunikationskanäle zwischen Bewußtem und Unbewußtem freizulegen. Es ist da etwas wie ein Paternostersystem in uns eingebaut, ein fortwährendes Hinab und Hinauf, dabei Umwandlung, Verhüllung, Verkleidung, Projektion, ein geschäftiges Treiben also, das unsere Person erfüllt, unsere Träume miteinbezieht, unsere Assoziationen lenkt, die Wahl unseres Vokabulars bestimmt und jedes – auch das bescheidenste – ästhetische Urteil modifiziert.

Ob ich zu Weiß lieber Violett trage oder Grün, das bestimmt etwas Untergründiges in mir. Ob ich bei dieser Melodie aufhorche oder bei jener abschalte, hat etwas mit den Mustern zu tun, die in mir verdeckt sind. Ob mich auf einem Spaziergang eher eine Lichtung zum Bleiben verlockt oder der dichte Wald, das alles liegt abseits und unter meiner Verfügungsgewalt. Und so ist die Phantasieleistung, die zu einem Kunstwerk führt, von Instanzen angefeuert, die sich dem manipulanten Bewußtsein entziehen. Es staut sich ein Innendruck auf, eine Spannung, die auf das Werk hindrängt, um sich – ganz offenbar – einer Belastung zu entledigen.

Mit anderen Worten: Die Entstehung eines Kunstwerks (von Rang) setzt im Künstler einen zwar begrenzten, aber nicht zu flachen neurotischen Wirbel voraus, eine Stelle also, die von Grund aufgewühlt, eine gewisse Dynamik entfaltet, eine gewisse Dringlichkeit an den Tag legt. Schlimm ist es, wenn sich Wirbel an Wirbel reiht, wenn Chaos überhand nimmt. Hier setzt dann Krankheit ein, Absturz ins Desaströse.

Die „gesunde" schöpferische Unruhe dagegen ist in der Psyche des Künstlers lokalisiert – oder eben noch lokalisierbar. Deshalb werden die von ihr motivierten kreativen Vorgänge immer noch und oft aufs genaueste von rationalen Kräften überwacht. (Darum redet man auch davon, daß das Kunstwerk „gemacht“ wird.)

Nun ist das Kunstwerk zwar geschaffen, fürs erste jedoch nur dem Künstler selbst bekannt. Was geht vor sich, damit es von anderen nachvollzogen und „genossen“ werden kann?

Was sich aus dem psychischen Raum des Kreativen als Bild, als Lied, als Dichtung objektivierte, soll nun seinerseits auf andere psychische Innenräume einwirken. Die vom Haushalt des Unterbewußten gespeiste Dynamik des Werkes soll anderes Bewußtsein, soll aber auch anderes Unterbewußtes ansprechen. Und spricht es auch an: genau in denselben Zonen, in denen ähnliche Wirbel und Konfliktsituationen vorbereitet oder im Gange sind. Betroffenheit stellt sich ein: ein Echo zwischen schöpferischem Ich und rezeptivem Du. Seltsamerweise kann dieser Vorgang Trost bewirken, er kann Glücksgefühle vermitteln, so als habe der Rezeptive Anteil an der Entlastung, die die Tiefenschichte des Kreativen durch den kreativen Akt erfahren hat: die Sublimation wird also stellvertretend auch für den anderen mitgeleistet.

Wie aber könnte die vom Künstler höchst persönlich erfahrene Entlastung auch für den Rezeptiven gelten, wenn diesem nicht zuvor in dem Kunstwerk, mittels des Kunstwerks, jene Totalität suggeriert worden wäre, die wir oben (unter Punkt 3) beschrieben haben? Des Künstlers Weltentwurf war wenigstens für eine Weile, vielleicht aber für einen Lebensabschnitt, womöglich sogar für das ganze Leben die Welt des Rezeptiven geworden: er hatte gelernt, mit des Künstlers Augen zu sehen, mit seinen Ohren zu hören, nach seinen Maßstäben zu urteilen, seine Emotionen in sich nachschwingen zu lassen; kurz, er hat Teil an des Künstlers Welt; warum sollte er im Zug dieser Teilhaberschaft nicht auch das Glück der im Kunstwerk geleisteten erlösenden Sublimation erfahren, *als gelte sie auch für ihn?*

5

Versuchen wir es noch mit einer dritten Beschreibung, um uns dem Phänomen Kunst von wieder einer anderen – ganz anderen – Seite zu nähern. War bis jetzt von Religion und Psychologie die Rede, wird jetzt die Naturwissenschaft herangezogen werden: vielleicht bietet sie uns eine metaphorische Analogie an und damit einen neuen Aspekt.

Ich darf hier einen Satz aus der Biologie voranstellen: *Das Leben ist die Instanz, die sich der Entropie der im Weltall dissipierten Energien widersetzt.*

Diesen Satz in Kürze zu erklären: Der Begriff Entropie ist ein physikalischer Begriff und bezieht sich auf die Tatsache, daß jede Energie transformierbar ist, bis sie im Laufe ihrer Transformationen Wärmeenergie geworden ist. Dann kann sie nur noch abstrahlen, sich verteilen, dissipieren. Das ist ein unumkehrbarer Prozeß. Ein Beispiel: Ein Topf mit heißem Wasser wird in einem kalten Raum eingeschlossen. Nach einer bestimmten Zeit wird der Topf ausgekühlt, der Raum aber um ein klein wenig wärmer geworden sein. Seine Hitze hat sich in winzigen Quanten verteilt: ein entropischer Vorgang.

Derselbe Vorgang spielt sich in kosmischen Dimensionen ab. Die in Sonnen und Milchstraßen geballte Energie strahlt unaufhörlich in den Raum, zerstreut sich. So geschieht Energieausgleich, Spannungsabbau. Am Ende muß jede Energie aufgelöst, jedes Energiegefälle eingeebnet sein. Damit tritt ein stationärer, ereignisloser Zustand ein, man nennt ihn den Wärmetod des Kosmos, es ist das absolute Ende.

Nun aber ist, wie wir hören, das Leben *die* Instanz, die sich dieser Einebnung widersetzt; das Leben bildet Energiekonzentrate, es schwimmt damit gegen den allgemeinen kosmischen Trend der Energiezerstreuung und stellt – in gewisser Weise – damit den Weltlauf auf den Kopf. Ein an sich winziger Sonderfall in der ungeheuren Maschinerie des Kosmos, doch als solcher – eben als solcher! – aufregend, einzigartig, wir dürfen vielleicht sogar sagen: kostbar.

Zentralfigur dieses aufregend seltsamen, kostbaren Phänomens Leben ist – mindestens derzeit – der Mensch. (Die Möglichkeit, daß auch in anderen

Systemen Leben vorkommen mag, braucht uns in diesem Zusammenhang nicht zu interessieren.)

Doch siehe da: Auch der Mensch ist entropischen Vorgängen unterworfen, er weiß sich von entropischen Vorgängen bedroht; anders als das Tier, das sein eigenes Ende nicht absehen kann, erfährt er, daß er nicht anders als alles Seiende vergeht, daß jede Kontur verfällt, daß sich über alles Geschehen Vergessen breitet. Der Mensch erfährt die tiefe Melancholie der Vergänglichkeit als eine der unaufhebbaren Grundbefindlichkeiten des Daseins; aber *auch er widersetzt sich;* auch er sucht Instanzen, in denen er der Entropie der eigenen Energie entgehen kann: durch eigene, bewußte Fortpflanzung, Staatengründung und so fort; am *eigentümlichsten aber* – und (siehe oben) am erfolgreichsten *im Medium der Kunst.*

Totenkult wird zur Initialzündung frühester bildnerischer Bemühungen, Dichtung und Mythe konservieren früheste fundamentale Erfahrung. Bild, Schrift und Architektur dienen „ewigem Gedächtnis". Von Abu Simbel bis zur „Recherche du Temps perdu" manifestiert sich Widerstand gegen Vergehen, Vergessen, gegen Auflösung und Zerstreuung ins Spurlose. Auch die flüchtigen Ereignisse Theater und Musik aspirieren auf Dauer durch Wiederholung. So darf der oben zitierte Satz abgewandelt werden: *Kunst ist die Instanz, die sich der Entropie der jeweils aktuellen menschlichen Energien widersetzt.* Sie erweist sich als das noch dauerhafteste, das resistenteste Konzentrat.

6

Nun haben wir uns drei Kriterien aus drei Beschreibungen des Phänomens Kunst gewonnen:
1. Totalität im Sinne der Mit- oder Gegenschöpfung: Das Kunstwerk enthält – wenigstens in nuce – einen Weltentwurf;
2. kathartische Wirkung, Einladung zur Sublimation;
3. Versuch, der Vergänglichkeit Widerstand zu leisten, also ektropische Bemühung in Analogie zum Gesamtphänomen des Lebens.

Ich getraue mich zu behaupten, daß es kein Kunstwerk von Rang gibt (und sofern etwas Kunstwerk ist, hat es natürlich Rang), das nicht alle diese drei Kriterien in irgendeiner Weise verwirklicht hätte. Gewiß gibt es noch weitere Kriterien, zum Beispiel das der Neuheit, des Noch-nicht-Dagewesenen, damit der Zeitbezogenheit. Dieses Kriterium ist durch die jeweils auf das Neue programmierte Methode der Kunst- und Literaturgeschichte in den Vordergrund gespielt worden. Doch kann es allein nicht ausreichen, und erst in Verbindung mit den anderen kann es Gewicht, Würde und Aussagekraft erhalten.

7

Man kann mir entgegnen, ich hätte nun viele schöne Worte gemacht und doch nicht geklärt, was es mit der Qualität eines Kunstwerks auf sich habe; wieder bleibe alles im Unbestimmten.

Sicher kann ein Rezept nicht erstellt werden; was ist ein Rezept? Eine Anweisung, die von jedermann ohne eigene Anstrengung befolgt werden kann. Doch auf die eigene Anstrengung und Leistung wird es beim konkreten Urteil immer ankommen. Das Urteil über das Kunstwerk wird immer unsere ganze Person in Anspruch nehmen, je nachdem, ob sie auf Weltsetzung ansprechbar, auf Sublimation begierig, der Würde und Kostbarkeit des Lebens in allen seinen Erscheinungen zugänglich und endlich auch bereit ist, sich dem jeweils Neuen, Unerwarteten und Überraschenden mit Offenheit zu nähern: doch – Offenheit allein genügt nicht. Das war der Irrtum der letzten Jahre. Man beginnt ihn einzusehen.

Inhalt

Der große Obelisk 5
Drei Häuser in Oberösterreich 21
Alles war anders in Jeruschalaim 39
Wind und Wolken über Apulien 53
Im Revier der Wölfin 73
Sag mir, was ist gut? 83